Jacqueline Rivière

Alain Rivière

Jacqueline Rivière

Une inconnue sans histoire

Fayard

L'histoire de Jacqueline c'est l'histoire de quelqu'un qui n'a pas eu d'histoire. Elle n'a laissé aucune trace de son passage parmi nous sinon le souvenir lancinant qui nous habite depuis sa mort, la mort d'une enfant sage qui a fini son devoir la première et qui a demandé à sortir avant la fin de la classe.

Adresse

Jacqueline, ma sœur,

C'est de ce bureau où notre mère a écrit, travaillé, souffert pendant trente-quatre ans que je commence cette esquisse à ta mémoire pour faire se lever ton image du silence et pour parler de toi, avec toi, à ceux qui ne t'ont pas connue, mais aussi à ceux qui t'ont perdue.

Je veux écouter ta voix qui résonne encore dans mon cœur. Je veux recueillir de toi les mots que tu aimerais nous adresser encore aujourd'hui si tu étais parmi nous.

Je laisse courir ma plume et je te demande de me guider, comme jadis lorsque tu te penchais sur moi pour m'aider à faire mes devoirs et que je sentais ton souffle léger sur mon cou. Alors ton regard se posait sur les choses pour y découvrir « leur dose latente de merveilleux », tu écoutais venir de partout « les moindres bruissements de la beauté ».

C'est bien cela que nos parents nous avaient appris et dont nous sommes tous les deux dépositaires.

Et, comme ils nous l'ont transmis, je voudrais le transmettre à nos enfants.

Sois mon inspiratrice, l'ange tutélaire auquel ils se rallieront dans les méandres de la vie, lorsqu'ils seront malmenés par les vents contraires et qu'ils auront besoin qu'on leur prenne la main, comme lorsque tu me conduisais au collège autrefois.

Qu'ils sachent lire dans ces lignes le message que nous avons reçu, toi et moi, et ce que tu en as distillé à travers ton existence limpide, autour de toi et pour le monde.

Sur la trace de ton père disparu et de ton oncle tant aimé, tu as porté ton propre témoignage que personne n'avait encore entendu.

Que cette adresse serve de préface à ce qui ne prétend pas être une biographie, mais une simple évocation de ton passage parmi nous.

Dourgne, le 12 août 2000.

PREMIÈRE PARTIE

À LA TRACE DE DIEU

I

Jacqueline

Ce nom caché au fond de mon cœur ne me revient jamais à l'esprit sans une très douce, bien qu'amère émotion.

Elle était mon aînée de neuf ans. Elle est morte à trente-trois ans en 1944. J'en avais vingt-quatre et nous avons pleuré son départ, ma mère et moi, avec la même tendresse et la même admiration pour ce qu'elle avait été pour nous au cours de ces trente-trois brèves années. Contrairement à son père et à son oncle, Jacques et Henri, trop tôt disparus, elle n'a laissé aucun écrit publié ; elle s'est contentée de vivre comme une belle fleur bientôt fanée.

Pour elle, vivre, c'était aimer. On peut dire qu'elle s'y est employée jusqu'à ce que se brise la coupe et s'en répande le parfum...

Et si je n'ai pas plus tôt pris soin de raconter sa vie alors que j'ai consacré trente ans de la mienne à consigner scrupuleusement celles de mes parents, c'est qu'il n'y avait rien à raconter. On ne peut peindre la brise du soir ni conter la vie d'un jeune arbre qui pousse ; on se contente d'écouter passer l'une et de regarder l'autre grandir.

Jacques Rivière avait écrit déjà de son ami Henri Fournier : « Comment rattraper sur la route où elle nous a fuis, au-delà du spécieux tournant de la mort, cette âme qui ne fut jamais tout entière avec nous... ? » On pourrait en dire autant de ma sœur.

Il ne nous reste d'elle que quelques images. Celle évoquée par Charles du Bos, à propos des visites qu'il rendait à ma mère rue Boulard : « ... cette lumière douce et égale, cette tranquillité de toutes choses, tellement à la ressemblance, à l'image d'Isabelle assise devant le bureau. De temps à autre, l'entrée sans bruit aucun, toute droite sur sa tige de la petite Jacqueline... ».

« Toute droite sur sa tige », image de silence et de pureté. C'est bien ainsi qu'elle est restée dans nos mémoires et ce à quoi nous pensions plus tard lorsque nous la

Toute droite sur sa tige.

regardions passer dans le long cortège des moniales qui faisaient la génuflexion devant l'autel de l'église avant de gagner leurs stalles au chœur pour chanter l'office.

D'elle, tout ce qui peut être dit c'est silence, droiture, clarté, simplicité. Ses compagnes de religion l'avaient surnommée *sagitta electa*, la flèche choisie, qui va droit au but sans se détourner.

Près d'elle mes complications d'adolescent s'évanouissaient comme neige au soleil. Je n'ai jamais rencontré esprit aussi dépourvu d'ombre.

À qui me croirait déjà lancé dans l'hagiographie, je veux dire ceci : il est vrai que cette première image est belle et pure. Il est vrai aussi que très tôt – elle avait dix-huit ans à son entrée au couvent – son éloignement nous a épargné l'usure de la vie quotidienne en commun, qui révèle souvent les défauts inhérents à chaque caractère. Le sien, nous le savions, avait ceux de ses qualités. Elle avait déjà tout compris avant que les autres aient commencé de réfléchir. Mais on était obligé de reconnaître qu'elle s'évitait ainsi des détours inutiles ; elle les évitait aux autres.

Cela n'allait pas sans une certaine raideur qu'on pouvait prendre pour de la brusquerie.

J'eus moi-même à en souffrir lorsque j'étais petit et qu'elle avait entrepris de corriger vertement mon indolence native. Ainsi des levers matinaux, lorsqu'elle m'accompagnait à l'école en me tenant par la main, me houspillant pour ma lenteur. Mais je ne lui en voulus que passagèrement car je compris plus tard que j'avais reçu d'elle la part d'éducation virile qui eût pu m'être donnée par mon père s'il avait vécu plus longtemps – je n'avais pas cinq ans au moment de sa mort. Jacqueline fut ma seconde maman, la nôtre étant plus portée à l'indulgence à l'égard du petit orphelin que j'étais.

Sans doute tenait-elle de ses parents cette lucidité qui ne les a jamais trompés. Auprès de ces gens-là, comme aurait dit Péguy, on se sentait en sécurité ; et il n'est pas étonnant qu'ils aient été pour beaucoup d'êtres plus ou moins égarés, des recours fidèles que l'on venait trouver de loin dans le petit salon bleu de la rue Boulard.

Ce lieu fut longtemps celui des rencontres les plus étonnantes : Marcel Jouhandeau, qui avait « cru » en mon père et qui lui en avait voué une immense reconnaissance, reporta sur ma mère, après la disparition de son mari, la même fougueuse docilité au point qu'Isabelle pouvait se permettre de lui déclarer un jour qu'elle avait mis au feu son dernier roman, tant elle le trouvait malsain ; ce qui ne découragea pas Jouhandeau de lui garder sa confiance.

L'histoire d'une jeune femme qui se jeta dans la Seine est restée dans nos mémoires : sauvée, conduite à l'hôpital, elle avait appelé ma mère au secours. Sans doute s'attendait-elle à ce qu'elle la plaignît. Ma mère lui adressa au contraire une mémorable admonestation pour son égoïsme inconsidéré qui avait mis ses amis en question. Suffoquée par cette algarade imprévue, la désespérée fut guérie de ses langueurs morbides et voua à ma mère un véritable culte amical.

Avec de tels parents, Jacqueline avait suffisamment appris la vie pour juger, le temps venu, qu'elle pouvait se retirer pour prier et se consacrer entièrement à Dieu. Pour n'avoir pas eu d'histoire – étant morte trop jeune pour laisser une mémoire –, Jacqueline n'en a pas moins été représentative de l'histoire de ses parents. Autant son père et son oncle ont laissé une trace brillante et novatrice d'avoir combattu à l'avant-garde de leur temps, autant Jacqueline manquerait à l'histoire de notre famille si elle n'en avait été l'ombre portée et la marque en creux de notre destin.

À quatorze ans, la vie l'avait frappée du deuil de son père : Jacqueline en reçut une marque indélébile. Des amis ont raconté que, conduite par sa mère auprès du lit de mort de Jacques Rivière, tandis que tout le monde sanglotait autour d'elle, Jacqueline était restée debout, très droite, silencieuse et grave, et n'avait pas versé une larme. Elle semblait avoir reçu de son père la mission de se comporter désormais en responsable de sa mère et de son petit frère. Depuis lors, Isabelle a toujours raconté que, dans ses derniers moments, Jacques lui aurait dit : « Je prends la fille et je te laisse le fils », parole mystérieuse dont nous nous souviendrons et qu'expliquent peut-être en partie les événements dramatiques qui avaient marqué la naissance de Jacqueline[1].

Sa mère avait dû subir une césarienne, la

---

1. Jacqueline est née à la maternité Port-Royal à Paris, le 23 août 1911.

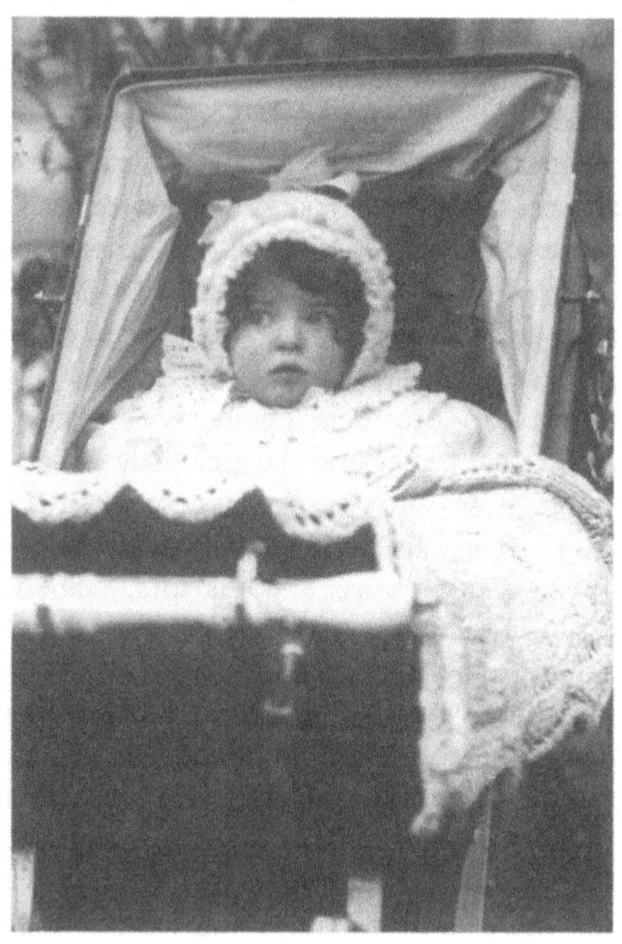

Tels deux lacs purs sous le soleil levant.

chose était encore rare à l'époque et les soins qui l'accompagnaient étaient assez rudimentaires. Si bien qu'au réveil qui suivit la pénible anesthésie au chloroforme et le pansement trop serré qui faillit l'étouffer, Isabelle passa quelques heures dramatiques entre la vie et la mort avant de surmonter les premières atteintes d'une fièvre puerpérale qui l'eût emportée si la sœur Évariste, infirmière attentive, n'avait réussi in extremis à la sauver.

La veille, Isabelle s'était confessée et avait communié. Elle le glissa à l'oreille de son mari avant l'opération. Surpris d'abord et un peu interdit, il lui avait murmuré : « Que tu as bien fait, mon amour, que je suis heureux. » Et leur cœur put déborder de tendresse pour la petite merveille qui venait d'apparaître : « Un minuscule visage rose avec deux lumières bleues qui regardaient immobiles, tranquilles, et deux petits poings fermés comme deux boutons près d'une fleur[1]. »

Mais à peine effacés ces jours terribles, trois semaines après sa naissance, c'est Jacqueline qui fut près de disparaître : « Elle

---

1. Comme Isabelle l'a raconté dans *Le Bouquet de roses rouges*, Le Livre de poche, 1989.

faillit mourir entre nos mains », raconte Jacques Rivière dans une lettre à André Gide. « On l'a trouvée glacée dans son berceau, inanimée, quasi morte[1]. » Heureusement le médecin, averti, employa les grands moyens pour la ranimer : « flagellation, bain sinapisé, lavage d'estomac, piqûre d'océanine (?). Dans le menu visage tout rouge après le bain sinapisé, les yeux bleus, tels deux lacs purs sous le soleil levant, sont ouverts sur Isabelle, extraordinairement conscients et parlants », raconte sa mère dans *Le Bouquet de roses rouges*.

L'aile de la mort n'avait que trop rôdé sur les premiers jours de l'enfant. Son père en demeura longtemps marqué. À chaque maladie enfantine il s'alarmait de nouveau, craignant de perdre le merveilleux bébé que sa femme lui avait donné. Pendant la guerre surtout, loin de tout ce qu'il aimait, Jacques, au moindre accroc dont Isabelle l'avertissait dans ses lettres, retombait dans une fiévreuse inquiétude.

Isabelle, quant à elle, retirera de ces jours

---

1. André Gide-Jacques Rivière, *Correspondance (1909-1925)*, Gallimard, 1998. Lettre 178 du 13 septembre 1911.

Une robuste petite fille très admirée.

dramatiques une nouvelle naissance à la foi chrétienne et passa désormais de la religion assez formelle de son enfance à la plus militante des croyances pour le reste de son existence.

Cependant, Jacqueline, ayant surmonté sans trop de peine ces alarmes, devint une robuste petite fille qui fut très admirée de son entourage.

II

Jours heureux

Je revois sa silhouette, nette et élégante.

Assise en tailleur sur son lit dans le coin de la rue Boulard qui lui servait de chambre en haut de l'escalier de bois, Jacqueline faisait ses devoirs sur ses genoux sans préjudice pour sa jolie écriture régulière qu'elle conserva toute sa courte vie.

Elle aimait dessiner et peindre. Elle illustrait nos livres d'enfants de petites miniatures charmantes et pleines de poésie. Je possède encore le *Nils Holgersson* de Selma Lagerlof que nous avons tant aimé. Elle peignait aussi sur verre pour des ventes de charité avec un certain succès. Nous en avons encore quelques spécimens.

Plus tard ma mère lui fit donner des leçons

de peinture par notre amie et voisine, le peintre espagnol Maria Blanchard.

Sa vie se passait surtout dans son perchoir où elle aimait travailler seule ou lire, plutôt que de courir au-dehors.

Tout enfant, Jacqueline était déjà une petite personne très indépendante. Elle avait sa vie propre dont elle ne rendait compte à quiconque. Ses parents la regardaient vivre.

Elle avait des mots qui n'étaient pas ceux d'une enfant.

À une grande personne qui avait répondu à une question par un « parce que... » péremptoire, Jacqueline – cinq ans – avait remarqué tout haut : « *Parce que* c'est pas une raison.

– Et qu'est-ce qu'une raison ? lui avait dit la dame.

– Une raison, c'est quand on dit : cet arbre est tombé parce qu'on l'a coupé. »

Sa mère racontant la scène à son père prisonnier en Allemagne, avait rajouté : « Bientôt, tu pourras lui confier tes manuscrits à corriger[1]... »

---

1. Jacques Rivière a été fait prisonnier le 24 août 1914. Il est resté en Allemagne jusqu'en 1917 et a passé une année en Suisse en 1918 comme interné sanitaire. Il ne revint à Paris qu'en janvier 1919.

Fusain de Jacqueline (1926).
Vue du jardin de la maison où sont nés Alain-Fournier
et sa sœur Isabelle.

Elle aurait pu devenir insupportable et suffisante.

Elle était simplement très éveillée et trouvait cela naturel. Mais comme elle était très jolie à cet âge avec sa mousse de cheveux d'or, tout le monde s'extasiait en la voyant et cela ne la laissait pas indifférente, à tel point qu'un jour où elle avait reçu beaucoup de compliments, elle avait fini par faire une vilaine crise de caprices que sa mère avait dû punir en l'envoyant se coucher sans dîner. Jacqueline n'était pas une enfant gâtée, mais une personnalité originale douée d'une vive intelligence.

Elle ne partageait pas la vie ordinaire des enfants. Habituée à être entourée d'adultes, elle se comportait elle-même en adulte. On l'aurait dite simplement « raisonnable » comme on le dit d'un enfant très bien élevé ; mais il y avait en plus chez elle une ombre de tristesse qui ne s'effaçait jamais tout à fait, ce qui ne l'empêchait pas de se montrer enjouée au milieu de nos amis les plus chers. Grave mais pas timide, elle n'était jamais rabat-joie et se pliait à l'humeur de tous avec une grâce délicieuse. Elle avait sa place un peu à part sans qu'il y eût chez elle une ombre de mépris ou d'indifférence pour ce qui l'entourait. Elle poursuivait un chemin qui n'était pas celui de tout le monde.

Lorsque j'étais petit et que j'allais avec elle à son école de jeunes filles où l'on admettait les petits frères des élèves jusqu'à la neuvième, il m'arrivait de l'accompagner à la sortie avec quelques-unes de ses camarades jusqu'au boulevard Saint-Michel proche du collège Sévigné. On s'arrêtait là quelque temps pour bavarder puis on se séparait et chacun partait de son côté. Je ne vis jamais ma sœur suivre ses camarades plus loin pour déambuler le long des rues comme je le fis moi-même plus tard lorsque j'étais élève à Henri-IV.

Sans être sauvage, Jacqueline ne cherchait pas à créer des liens avec ses camarades de classe.

Il y eut toutefois une exception. Elle s'appelait Assia Jouk. Elle avait été chargée d'accueillir Jacqueline lorsqu'elle arriva pour la première fois au collège. Assia a raconté maintes fois l'éblouissement qu'elle ressentit en voyant apparaître cette parfaite petite fille aux yeux bleus, drôlement coiffée avec un immense ruban noué dans les cheveux.

Elle poursuivait son chemin
qui n'était pas celui de tout le monde.

Elles devinrent très vite amies, d'autant que nous habitions à proximité et qu'elles pouvaient se raccompagner mutuellement à l'aller et au retour. Assia était russe ; elles étaient trois sœurs et l'on ne s'ennuyait pas dans cette volière de jeunes filles dont les cris et les rires s'entendaient du bas de l'escalier au 3 de la rue Froidevaux.

Elles se lièrent d'une profonde amitié dont quatre-vingts ans plus tard Assia ne parle pas sans émotion. Mais lorsque, à douze ans, Jacqueline lui annonça qu'elle avait l'intention de se faire religieuse, Assia n'eut qu'un mot : « Tu ne peux pas *me* faire ça »... Mais la résolution de Jacqueline était inébranlable. Assia fut effondrée et ne parvint jamais à se consoler de son départ.

Lorsque bien des années plus tard, je pus accompagner Assia jusqu'au monastère où Jacqueline avait vécu, ce fut pour elle comme un pèlerinage. L'image de la petite fille au grand ruban bleu ne s'était jamais effacée de sa mémoire.

Pourtant, Jacqueline ne quêta l'amitié d'aucune autre de ses camarades. C'était Assia qui était allée au-devant de Jacqueline et celle-ci avait accepté simplement cette amitié. Elle n'éprouvait sans doute pas le besoin de se lier davantage, sachant qu'un jour elle devrait y mettre fin.

Elle eut pourtant des amis. Jean-Jacques Cramer par exemple. C'était le fils aîné de nos amis suisses, les Cramer, que mon père avait connus lors de son retour de captivité en 1917 et qui l'avaient reçu avec une très grande joie, sachant qu'il était le secrétaire de la prestigieuse *Nouvelle Revue française* très admirée en Suisse.

Mes parents prirent l'habitude de venir passer des vacances chez eux et une immense amitié naquit entre Mimi Cramer et Isabelle. De son côté, Jean-Jacques, qui avait le même âge que Jacqueline, ne fut pas insensible à la grâce de la petite jeune fille et devint son compagnon de jeux pendant toutes les années qui furent pour notre famille une époque inoubliable. Le charme des parents, la joie de vivre de Jean-Jacques et l'amitié du plus jeune des enfants Cramer qui avait mon âge, tissèrent entre nous des liens qu'on eût pu croire indestructibles.

Il y avait surtout un grand chalet sur la

montagne du Salève, cette grande barrière de treize cents mètres d'altitude qui domine Genève et d'où s'étend une vue magnifique, d'un côté sur le massif du Mont-Blanc, de l'autre sur le Jura.

C'est là que se passait la plus grande partie de nos vacances, à courir sur la crête de la montagne ou dans les grands bois de hêtres qui en couvraient les flancs, à la recherche des myrtilles ou des fraises sauvages, ou bien, juchés dans le grand arbre qui avoisinait la maison et où Jean-Jacques avait construit une cabane. Il y pilotait des voyages au long cours dont il était le capitaine. Nous appelions notre navire le *Robinson.*

En regard des pics neigeux des Alpes et des vacances heureuses du Salève, les douces collines boisées de Bourgogne constituaient chaque année une joyeuse alternance de l'été.

De la merveilleuse famille Cramer, nous passions sans transition au monde coloré du théâtre fondé par Jacques Copeau.

Il nous recevait au milieu des vignes dans sa maison de Pernand-Vergelesse, située à flanc de coteau, au milieu du village. Elle semblait de loin faire partie de l'église dont le clocher pointait au-dessus de la vaste

Jean-Jacques.

demeure d'où coulaient jusqu'à la route en cascade les jardins en terrasse.

C'est dans ce site de verdure et de fleurs que nous passions nos jours, entourés de l'atmosphère chaleureuse qu'entretenaient Jacques Copeau et son exquise femme Agnès au milieu d'une troupe de jeunes comédiens que l'on accompagnait parfois le soir dans les villages pour y dresser un chapiteau sur la place et jouer une comédie de Shakespeare ou de Molière devant les paysans.

Le reste du temps nous vivions autour du bassin rond de la première terrasse sous les ombrages où je revois maman, une année, lisant *Les Possédés* de Dostoïevski à l'auditoire familial des enfants de Copeau et de leur mère, tandis que je peuplais le bassin de petits bateaux en bois confectionnés par Jean Dasté, le gendre de Copeau. Sa femme, Maïène, était l'aînée de la famille. Sa sœur Edwige, dite Edi, était l'amie de ma sœur. Puis il y avait Pascal, le plus jeune, beau blond nordique comme sa mère qui était danoise. J'aimais, le matin, entendre les enfants passer sous la fenêtre de leur mère pour lui dire bonjour en danois.

Agnès était protestante. Jacques Copeau, lui, n'avait pas encore rejoint la religion catholique des pères de Solesmes dont l'abbé était devenu son ami. Les enfants avaient été laissés libres de choisir une confession à leur majorité. Maïène avait choisi de n'en point avoir ; Edi avait choisi d'être catholique ainsi que Pascal.

Durant ses études à Paris, Edi fréquentait avec nous les bénédictines de la rue Monsieur où nous assistions à la messe tous les dimanches. Au retour, nous nous retrouvions rue Boulard. Jacqueline et Edi fraternisèrent et leurs conciliabules se prolongeaient le soir dans la petite chambre perchée en haut de l'escalier de notre maison.

Mais à Pernand, l'été, les deux filles emportaient avec elles leurs confidences sur les collines où elles pouvaient les échanger à haute voix et même les chanter en grégorien en arpentant les bois et en cueillant les pêches que les vignerons laissaient dans les vignes. Des journées entières, les deux filles faisaient des projets d'avenir et se confiaient leurs grands désirs de vie religieuse. À leur retour le soir, on lisait sur leurs visages la rencontre de leurs âmes et de leurs joies.

Tout les rapprochait : l'amitié de leurs parents, leur culture et leurs goûts ; franciscains pour Edi, bénédictins pour Jacqueline. Et c'est sans doute là, au cœur de la campagne bourguignonne, que mûrit au soleil leur projet commun de consécration à Dieu.

III

« Je cherche un cœur pur »

De ce voyage au temps de ma jeunesse, je me réveille comme d'un songe. J'y jette encore aujourd'hui un regard attendri. De tant de douleurs, de tant de joies, je me souviens comme si j'avais encore dix ans.

J'ai à peine dix ans, en effet, le jour où, en vacances, à La Chapelle-d'Angillon, j'ai entrepris la tâche insurmontable d'écrire en cachette une lettre à mon amie du collège Sévigné, une certaine Jacqueline, elle aussi, qui fut pour moi la première révélation de ce qu'est déjà la femme dans une enfant. Mais je dus renoncer à mon ombrageuse clandestinité devant l'obstacle invincible du timbre...

J'en demandai un à ma sœur et je dus lui dire pourquoi.

Je me souviendrai toujours de la douceur

avec laquelle elle m'a rassuré en me disant que maman ne verrait aucun inconvénient à ce que j'écrive à ma petite amie. J'obtins alors du papier, une enveloppe et un timbre, et nous portâmes ensemble ma lettre au village pour la mettre à la poste.

Je suis encore cet enfant farouche au fond de moi-même, mais j'ai appris depuis à dire sans honte à une femme que je l'aime... et c'est à ma sœur que je dois d'avoir très tôt dénoué, en y posant simplement le doigt, le nœud trouble que l'éveil de mes sens avait commencé à introduire en moi.

Ce fut un tour donné à mon comportement qui me resta toute ma vie et me préserva de bien des naufrages. Une certaine assurance que mes sentiments pouvaient être partagés sans ambiguïté. Jacqueline m'avait appris qu'il n'y a jamais de mal à aimer lorsqu'on a le cœur pur, et qu'il est plus pernicieux d'y apporter des interdits qui ne peuvent que troubler l'eau vive de son âme.

Oui, tout cela était en germe dans cette parole rassurante de ma sœur à un petit bonhomme comme moi.

C'est ainsi que Jacqueline marqua ma vie d'une trace indélébile plus encore par ses actes, sa tenue irréprochable, sa tendresse sévère, son intégrité dans tous les domaines. Elle fut pour moi le symbole de la pureté. J'en étais même parfois un peu jaloux et il m'arrivait, dans des moments de colère, de lui jeter comme une injure un « Sainte, va ! » qui faisait sourire ma mère et redoublait mon dépit.

L'autre souvenir que je garde précieusement de sa tendresse, c'est le jour où elle m'annonça son départ au couvent.

J'avais neuf ans encore, l'âge qui me séparait du sien. Elle me prit tendrement sur ses genoux et m'annonça qu'à Noël, elle deviendrait bénédictine à Dourgne. Ce fut comme un grand trou noir qui s'ouvrait devant moi et je ne sus que dire. Un pan tout entier de ma vie s'écroulait, peut-être parce que je percevais déjà ce qu'elle avait été pour moi depuis la mort de mon père et que je perdais en elle tout ce qui avait tenu lieu de sa présence parmi nous.

Ce n'est que le jour de son départ, lorsque nous l'eûmes conduite à la gare d'Orsay, à notre retour dans la maison abandonnée, que nous avons réalisé, maman et moi, le vide atroce qui s'était creusé d'un seul coup.

Nous nous jetâmes dans les bras l'un de l'autre en sanglotant longuement. Et c'est peut-être moi qui, le premier, ai eu des paroles de consolation pour ma mère qui était bien ce jour-là la femme la plus seule qui existât sur terre.

C'est ainsi que se forma en moi la conscience de ce que ma sœur avait été pour nous et qu'avant de l'avoir perdue tout à fait, nous avons continué plus que jamais à l'inclure dans notre vie comme le havre de paix où notre faiblesse eut encore besoin de se réfugier pendant quinze ans.

Pour quelqu'un dont je disais en commençant qu'elle n'avait pas d'histoire, celle-ci en est une pas comme les autres et qui s'est ouverte en nous par l'absence plus que par la présence physique, car c'est par elle et par ma mère autant que par mon père et mon oncle que j'ai été construit, comme si l'on gravait sur le marbre le décours d'une vie.

IV

Églantine des rochers

L'un des plus merveilleux souvenirs de notre enfance, c'est « Le Salève », le grand chalet sur le dernier versant de la montagne avant d'arriver à la crête, face à la chaîne du Mont-Blanc, où nous avons passé peut-être les plus heureux jours de notre vie.

L'amitié y fut à son comble et nous prîmes l'habitude d'appeler nos amis « oncle Alec » et « tante Mimi ». C'est dire que, comme Mimi l'écrivit un jour à Jacqueline, elle l'avait bientôt considérée comme son enfant et, parmi la joyeuse bande de jeunes qui hantaient cette demeure de rêve, Jacqueline n'était pas la moins aimée.

La dernière année où nous y passâmes nos vacances, les Cramer lui proposèrent une « course » en montagne, c'est-à-dire une

Le Salève.

escalade d'environ trois mille mètres sous la conduite d'un guide avec coucher dans un refuge pendant trois jours. Le contact exaltant de la haute montagne, l'effort commun, l'altitude furent pour Jacqueline une expérience passionnante. Tout le monde revint ravi de cette escapade qui renforça encore les liens d'amitié avec cette délicieuse famille. Jacqueline y gagna le surnom d'« Églantine des rochers » pour ses capacités de varappeuse.

Revenue à « La Pastorale » à Genève, est-ce ce moment qu'elle choisit pour glisser dans la Bible de sa mère, qui la lisait chaque soir, un petit billet pour lui annoncer sa détermination ? Je ne le saurai que beaucoup plus tard. Voici ce billet :

Chère Maman,

Depuis longtemps il faut que je te dise quelque chose, mais jusqu'ici je n'ai pas osé parce que tu m'intimides trop et que c'est quelque chose de très important.

Je pense que tu t'en doutes déjà un peu ; c'est que je voudrais être bénédictine. Ce n'est pas du tout un caprice ; il y a très longtemps que je le désire, je l'ai dit à l'abbé Altermann et il a dit que c'était sûrement la volonté de Dieu que je sois religieuse. Donne-moi la permission, je t'en prie.

C'est bête ce que j'écris là, mais je n'ai pas pu me décider à parler, le courage m'a manqué.

Jacqueline.

Ma mère, qui pressentait la chose, en effet, pleura toute la nuit sur ce qui ne pouvait être pour elle autre chose qu'un déchirement affreux qu'elle compara dans ses lettres à Mimi à un second accouchement.

Mais depuis quelques années, de vives discussions sur la religion avaient assombri leurs relations. Mimi, qui s'était convertie très ardemment au protestantisme, supportait mal les efforts que ma mère déployait pour la persuader de son erreur. Malgré leur formidable amitié, le problème religieux avait créé une tension qu'Alec avait voulu tempérer aux dernières vacances en priant sa femme de ne pas parler de religion avec Isabelle, ce qui ne fit qu'accentuer le malaise.

En mai, Mimi avait écrit à Isabelle : « Je suis prête à tout accueillir de ton amitié, tu le sais, mais j'avoue ne pas comprendre et ne plus vouloir supporter que tu continues à attaquer le protestantisme » (14 mai 1929).

C'est dans cette ambiance que tomba la nouvelle du départ de Jacqueline. L'affaire était grave pour les deux femmes blessées dans leurs convictions les plus profondes, et le départ de Jacqueline fut l'occasion d'un débat supplémentaire. À cela s'ajoutait la peine que nos amis ressentaient devant la souffrance avouée d'Isabelle et qu'Alec put qualifier dans une lettre de « cruelle et insupportable ». De retour à Paris, dès sa première lettre, Isabelle elle-même avait avoué cette douleur en pleurant sa fille bien-aimée.

« Sera-t-il dit, écrivait-elle à Mimi en novembre, qu'au moment de ce nouvel et immense déchirement, tu seras si loin de moi que je croirai presque t'avoir perdue ? Sera-t-il dit que toi qui depuis dix ans et plus as été si mêlée à mon cœur, toi qui m'as soutenue, protégée, aidée, aimée dans les pires douleurs, toi qui as toujours tout compris, tout excusé de moi, c'est au moment où j'ai le plus pressant besoin de ton amour que tu n'en as plus à me donner ? Pense que je vais devenir veuve une seconde fois. Il faut tout reconstruire, il faut tout recommencer. Est-il possible que ce soit cette fois sans ton aide, est-il possible que vous refusiez cette fois de me comprendre ? » (12 novembre 1929.)

À quoi Mimi répond :

« Ma bien-aimée, non seulement je me tiens tout près de toi, mais je partage tout ce que tu vis. Jacqueline n'est-elle pas mon enfant ? Ton déchirement est mon déchirement, tes larmes sont les miennes, mes prières sont les prières d'une mère.» (15 novembre 1929.)

À l'intérieur de ce dialogue s'en inséra un autre entre Jacqueline et les Cramer.

Le 15 novembre, Mimi écrit à Jacqueline :

« Ma Jacqueline chérie, ta maman croit que je ne vous aime plus. Quelle folie ! Tu ne t'es peut-être jamais doutée, ma petite, que je te considérais un peu comme mon enfant et que tu es certainement l'enfant que j'aime le mieux après les miens et que j'ai un très gros, très lourd chagrin quand je pense que je ne te reverrai peut-être pas.

« Tu veux bien, n'est-ce pas, que je te parle tout simplement franchement, avec toute ma tendresse. J'ai toujours eu le sentiment que tu avais un profond dégoût de l'humanité, que tu n'avais besoin de personne, que tu vivais dans une solitude un peu dure, tiens, comme ces montagnes que tu aimes tant, si belles et glacées.

« Tu me diras : j'aime Dieu. Et moi je te dis : aime aussi ton prochain, car vois-tu, toutes les prières du monde, si ferventes soient-elles, si elles ne sortent pas d'un cœur ému de compassion, ne touchent pas notre Dieu ! » (15 novembre 1929.)

Jacqueline y répond une petite lettre toute droite, toute simple, mais résolue et tente de justifier sa démarche et sa prière :

« Sainte Thérèse d'Avila dans son Carmel a sauvé plus d'âmes que saint François Xavier dans toute sa vie de missions. Si Moïse n'avait pas tenu ses mains levées vers Dieu, pendant la bataille, les Israélites n'auraient pas vaincu. » (21 novembre 1929).

Alors Alec intervient à son tour le 26 novembre :

« Je voudrais trouver des mots très doux, très affectueux, ma chère Isabelle, pour mettre un peu de baume sur la plaie de ton cœur de mère... Je me suis rendu compte combien tu souffrais, combien cette idée de séparation d'avec Jacqueline t'était cruelle, insupportable. »

Mais Alec a jugé « glacial » le ton de Jacqueline dans sa lettre à Mimi, « combien c'était plus le raisonnement que des aspirations du cœur qui l'ont guidée dans sa décision ».

Et il poursuit :

« Jacques aurait sûrement dit non, plus tard mais pas encore. Je suis sûr que Jacques aurait été révolté à cette idée que Jacqueline t'abandonne alors qu'elle t'est encore si nécessaire... Sens que mon cri de détresse part du fond du cœur. » (26 novembre 1929.)

Et Jacqueline répond à Alec une lettre pleine d'affection mais elle se retranche derrière la phrase de l'Évangile :

« "Celui qui aime son père ou sa mère plus que moi, n'est pas digne de moi." D'ailleurs, ne crois pas que mon départ brise tout lien entre maman et moi. Le seul lien véritable est celui de l'esprit et ce n'est pas parce que je serai loin que cela pourra le rompre. Et puis, je ne doute pas que ce soit à la prière de mon père que je doive la grâce qui m'est donnée. »

Le 6 décembre, Isabelle écrit à Mimi :

« Ma petite lumière est partie hier soir. Il

me semble que je viens de la mettre au monde une seconde fois ; c'est le même choc, la même douleur et la même joie. » Et, parlant d'Alec : « S'il avait pu voir tous ces jours et hier le rayonnement de ce petit être et sa douleur héroïque, il n'eût douté ni de sa joie, ni de son déchirement. Chérie, ce n'est pas assez que d'être avec moi dans cette peine, il faut être avec moi aussi dans cette extraordinaire lumière. »

Et Isabelle avait encore écrit : « Il me semble que je donne avec elle ce qui me reste de vie. »

Et, lorsque plus tard, après sa mort, nous aurons, ma mère et moi, à annoncer à nos amis ce nouveau et définitif départ, c'est dans le même esprit que nous les inviterons à partager « notre douleur et notre joie ».

Peu de nos amis prirent autant à cœur que les Cramer l'événement qui bouleversa notre vie, mais les réactions furent très diverses selon chacun.

Jacques Copeau en voie de conversion après une vie agitée, écrivit :

« Remontant du fond du péché, je n'ai d'autre aspiration que celle de pouvoir lever les yeux sur une pure enfant de Dieu comme votre petite Jacqueline. »

Et Mauriac :

« Il faut des agneaux à l'Agneau, un cortège d'enfants. Plus je vais et plus je suis sensible à la pureté des âmes choisies par lui. »

V

Le renoncement au monde

C'est là que je rentrerai.

Élevée dans une famille où l'art était tenu pour l'une des premières valeurs de la vie, Jacqueline n'aurait sans doute jamais pensé qu'un jour viendrait où elle s'en détournerait comme d'une menace pour son intégrité.

Pétrie qu'elle était de littérature et de musique, elle avait, comme nous tous, le culte du beau. L'idée d'en arriver à dénigrer ce que nous adorions et de reléguer comme impure toute l'élévation à laquelle son père et sa mère prétendaient, ne serait venue à aucun de nous.

Tous les artistes et les intellectuels que l'on recevait chez nous étaient accueillis comme des amis avec qui il était possible de parler la même langue ; il suffisait d'une citation et d'un clin d'œil pour se mettre à l'unisson d'une certaine ferveur. Nous nous entendions à demi-mot comme les membres d'une confrérie, qui n'avait cependant rien d'un club ni d'une coterie tant cela était naturel et n'avait pas besoin d'être codifié. Pour nous, l'affaire était sérieuse. Notre monde n'était pas clos ni comme infatué d'un privilège. Nous parlions la même langue avec l'accent de la sincérité, non celui de la mondanité. Nous avions même un sourire indulgent pour ceux de nos amis qui donnaient un peu dans l'esthétisme, ceux pour qui la littérature était toute la vie, comme notre cher Charles Du Bos, dont l'élégante conversation confinait parfois à la préciosité.

Notre enfance fut habitée par la lecture.

Ma sœur et moi dévorions les livres de notre bibliothèque surtout consacrée aux œuvres anglo-saxonnes, sans doute en mémoire de notre oncle qui avait adoré l'Angleterre découverte en 1905. Dickens, Stevenson, Kipling, Daniel de Foe étaient nos livres de chevet. David Copperfield était notre ami et nous pleurions sur les malheurs d'Oliver Twist. Mais surtout *Le Livre de la*

Jungle de Kipling, comme ses *Histoires comme ça*, peuplaient nos jours et nos nuits. Les scouts, dont je fus quelque temps un louveteau, fondaient leurs sorties sur les ébats de l'enfant-loup Mowgli et ses amis Bagheera ou l'ours Baloo.

Il y avait aussi les quatre filles du docteur March, et le célèbre loup apprivoisé Croc-Blanc. Jack London, Jules Verne achevèrent mon éducation littéraire, en attendant plus tard de découvrir les merveilleuses romancières anglaises : Rosamond Lehman, *Sarn* de Mary Webb. Personnellement, je n'ai lu Victor Hugo qu'à quarante ans, quant à Marcel Proust, ma mère m'avait mis plutôt en garde, estimant que « je n'avais pas besoin de lire cela... ».

Ceci explique comment, lorsque les ennuyeux livres de classe me tyrannisaient, je me réfugiais dans ce monde tumultueux des aventures extraordinaires de Jules Verne et d'Edgar Poe, ou dans la merveilleuse histoire de Nils Holgerson que ma sœur avait illustrée de charmantes miniatures.

C'est dire que, pour nous, la culture était une façon de vivre et de se nourrir de la beauté du monde. Nous y puisions notre morale, toujours bien définie et un peu manichéenne. Mais surtout notre imagination y trouvait sa nourriture. C'était en quelque sorte notre « fonds », au sens où on le dit d'un compte en banque. C'est ce qui nous donnait ce qu'on appelle l'« aisance » en parlant de la fortune. Notre fortune, c'était l'esprit ; nous en usions largement pour nous-mêmes et pour les autres que nous invitions volontiers, riches ou pauvres, à cette table où tous pouvaient venir se servir. Même les gens peu fortunés étaient accueillis avec joie pour leur vérité humaine que n'altérait aucune pose.

Je me souviens d'une visite chez Georges Duhamel qui nous avait emmenés dans la campagne chez une famille très modeste dont les dix enfants, initiés à la musique, étaient capables de chanter un choral de Bach à quatre voix sous la direction de leur père, tandis que l'aînée des filles allaitait son bébé dans un coin du grenier aménagé en salle de musique. J'étais encore très enfant mais j'ai gardé de cette journée une vision idéale de la richesse qui pouvait se cacher sous la pauvreté.

Comment dans cette atmosphère si pure, l'idée ne serait-elle pas venue d'elle-même à ma sœur de s'emparer de cette perle précieuse pour la préserver de toutes les vilenies du monde ? L'idée de la retraite au désert ne vient-elle pas spontanément à ceux qui ont trouvé le trésor inestimable ? Le protéger, se protéger, n'est-ce pas la réaction naturelle de l'animal qui s'est emparé d'une proie, de courir la cacher pour échapper à ceux qui voudraient la lui arracher ou la flétrir ?

C'est bien cela qui avait d'abord mûri lentement dans l'esprit de ma sœur dès l'âge de douze ans, et qui fut peut-être renforcé par l'affreux malheur que la mort de mon père nous avait causé.

Puisque cette harmonie où nous vivions s'était soudain brisée, ne valait-il pas mieux sauver ce qui restait de notre bonheur pour le soustraire à la médiocrité ? À quatorze ans, Jacqueline avait l'âge de ressentir ces événements dans toute leur cruauté.

L'atmosphère de notre famille était d'ailleurs aussi dominée par la foi qui avait soutenu ma mère dans sa douleur. Notre vie était devenue monacale. Nous ne recevions plus guère que ceux de nos amis capables de réconforter nos cœurs de leur présence, ou bien ceux qui voulaient entendre parler de Jacques Rivière ou d'Alain-Fournier, à qui ma mère se consacrait inlassablement.

Tout cela nous amenait à considérer la vie superficielle du monde et surtout des « mondains » comme insupportable au regard de la vraie vie de l'esprit et du cœur. Rien d'étonnant à ce que nous nous soyons insensiblement retirés loin de tout ce qui choquait notre deuil. Le germe de la vie religieuse était à l'œuvre pour nous détacher peu à peu des plaisirs les plus purs au nom de la fidélité à la prière et au silence. C'est ainsi que vers 1931, ma mère prit la décision de renoncer aux vacances habituelles chez nos amis les plus chers. La raison qu'elle invoqua était l'absence de messe quotidienne accessible dans ces lieux retirés :

« Je ne crois pas, écrivait-elle à Jacqueline, que jamais j'aie le courage ou plutôt la folie de revenir dans un endroit où on n'a la messe que le dimanche. C'est une épreuve actuellement au-dessus de mes forces » (26 juillet 1931).

Auparavant, nous avions pris l'habitude

d'aller chaque dimanche à la messe des bénédictines de la rue Monsieur, connues dans Paris pour leur messe chantée où l'on pouvait communier, contrairement à l'habitude des églises de la capitale. J'y fis ma première communion à l'âge de sept ans, très simplement entouré de ma mère et de ma sœur.

C'est l'abbé Altermann, devenu notre directeur de conscience, qui indiqua à Jacqueline un monastère qu'il connaissait dans le Tarn. Il s'ensuivit un mystérieux voyage dans le Midi où Jacqueline fit une retraite chez les bénédictines de Dourgne, mais personne n'en sut rien dans notre entourage. À son retour, Jacqueline dit simplement à sa mère : « C'est là que j'entrerai. »

Qu'était-ce pour nous que renoncer au monde ?

S'il m'est permis de me substituer à Jacqueline en face de cette formidable décision, je serais tenté de reprendre une célèbre formule et de lui faire dire au monde avant de le quitter : « Va ! Je ne te hais point... » et j'ajouterais : « mais je ne veux plus jouir de toi ; j'ai besoin de faire le vide en moi pour y faire entrer autre chose, pour y faire entrer l'Autre, celui qui tient toutes choses en ses mains et moi-même au milieu d'elles ».

Je dirais à la vie : « Non ! je ne te hais point, car j'aime celui qui t'a faite, et je l'aime de t'avoir faite si belle mais aussi si trompeuse que j'aurais pu te mettre à la place de "Lui". Je devrais donc fuir, me cacher dans la solitude et ne m'entourer que de ceux qui, comme moi, te cherchent et se sont consacrés à te trouver en eux-mêmes. »

« La vraie foi dérange tout », a écrit Julien Green. Et c'est vrai.

Or ce qu'elle devait déranger, cette foi, ce n'était pas rien. On jouait sur les mots quand Jacqueline prétendait, ou donnait l'impression d'être dégoûtée du monde. Ce monde où je n'ai fait moi-même que tremper le bout de mes doigts, était néanmoins le monde où nous vivions ; il serait vain de l'ignorer. Pour se calquer sur une phrase de saint Paul qui parle de Dieu « *in quo vivimus, movemur et sumus*[1] », mon père semblait l'avoir paraphrasée dans sa jeunesse lorsqu'il

---

1. En qui nous vivons, nous nous mouvons et nous sommes.

exprimait son enthousiasme pour l'art de son temps :

« Toutes ces images, écrivait-il, parlant du symbolisme découvert à vingt ans, toutes ces images et ces allégories..., elles nous parlaient, nous entouraient, nous assistaient ineffablement. Les "terrasses" nous nous y promenions, les "vasques" nous y plongions nos mains et l'automne perpétuel de cette poésie venait jaunir délicieusement les frondaisons de notre pensée. »

En un mot, écrivait-il encore, « c'était un climat spirituel, un lieu ravissant d'exil ou de rapatriement plutôt, un paradis ».

N'est-ce pas de ce paradis que Jacqueline avait rêvé et n'était-elle pas partie à la recherche de ce qui pourrait le remplacer ? Ce qu'il représentait, c'était l'idéal dont nous vivions, un idéal en perpétuel devenir.

Plutôt donc que de se laisser séduire par ce qui fait souvent le lit d'une certaine culture : les succès éphémères, les modes et les snobismes ; au lieu de consentir à subir les fluctuations de l'art et des artistes, pas toujours innocents et souvent portés à *paraître* plutôt qu'à exister réellement, elle avait préféré rompre définitivement avec l'à-peu-près et le clinquant de l'actualité pour vivre *hors du temps* et se consacrer à l'absolu, c'est-à-dire à la réalité invisible des choses que chacun peut trouver en soi-même et chez les autres. Trop de beautés réelles l'avaient entourée, il ne pouvait être question de leur tourner le dos, mais au contraire de les retrouver dégagées de la quotidienne médiocrité.

En cela, elle nous montrait la route.

Elle avait assez de son père et de sa mère pour savoir discerner « ce que les choses sont », comme mon père faisait profession de le dire et de l'écrire. « Mon métier, écrivait-il, est de dire ce que les choses *sont...* »

Mais même cela ne lui suffisait plus. Elle préférait se retirer du tumulte et sans rien récuser de ce qu'elle avait vécu, se consacrer à y voir clair, à brûler son existence au feu de l'admiration pure et de l'adoration perpétuelle de l'au-delà. Ce n'était pas une fuite mais plutôt une alchimie périlleuse pour trans-former en or pur l'immense fatras du monde auquel elle avait jusque-là nourri son cœur et son âme, à la recherche des moindres traces de la beauté.

Elle la voulait pleine et entière, cette beauté. Elle ne voulait pas consentir à n'en retirer que des miettes, mais au creux de son âme, elle voulait faire place à l'essence la mieux distillée.

Mais qu'est-ce au juste que le monde ?

N'y a-t-il pas plusieurs sortes de mondes ?

Il y a les mondes clos où l'on est né et dont certains claquent la porte pour entrer dans un monde « choisi ».

Le premier est généralement confiné dans les traditions, les préjugés ou les idéologies. C'est celui décrit par Mauriac, après Balzac et Zola ; celui où Jacques Rivière avait vécu son enfance et son adolescence. Il n'était pas question d'y déroger et le pire scandale était de ne pas respecter les convenances, et surtout les « préséances », comme le fit mon père à dix-sept ans en quittant Bordeaux pour préparer l'École normale supérieure à Paris, contre la volonté de son père qui lui avait réservé l'École d'Athènes... Puis il consomma la rupture en épousant une fille d'instituteur qui n'était pas *de son monde* et que son père refusa de reconnaître pendant neuf ans[1].

______

1. Jacques Rivière épousa Isabelle Fournier, la sœur du futur Alain-Fournier, le 29 août 1909.

Ce n'est qu'à son retour de captivité en Allemagne que mon père décida de lui présenter sa femme et sa fille. Libéré de cette tutelle par une « mésalliance », il lui fallait désormais choisir son monde.

Il eut la chance de rencontrer André Gide qui reconnut d'emblée sa brillante intelligence et lui confia rapidement le statut de collaborateur parmi ses pairs, les fondateurs de *La Nouvelle Revue française*. Ainsi introduit, Jacques entrait dans un nouveau monde. La liberté de mœurs y tenait lieu de préséance. La richesse était au rendez-vous, mais les salons, les voyages et les affaires constituaient une autre sorte de « nomenklatura » au moins aussi exigeante que la bourgeoisie bordelaise.

La candeur de Rivière et son charme personnel lui attachèrent la sympathie de tous et sous la haute protection de l'auteur de *Paludes*, il commença sa carrière dans le monde des Lettres. Cependant, une autre coterie le guettait dont il eut du mal à se libérer ; celle des nouveaux convertis formés par la guerre à un nationalisme aveugle qui prétendait subordonner l'intelligence au « Politique d'abord » de l'Action française.

Décidément, le monde était fait de « vies encloses » qu'animaient les idéologies religieuses et politiques. Ce n'était pas là qu'il risquait de rencontrer le climat idéal pour la création « ingénue » qu'il se fit une mission de promouvoir à la *NRF*.

Nous étions, ma sœur et moi, les héritiers d'une époque que nous n'avions pas vécue mais qui devait contribuer à faire du nouveau siècle une sorte de Renaissance tumultueuse traversée par les révolutions de toutes sortes dans l'art et la pensée. On l'appela la Belle Époque.

C'est de cette effervescence que Jacqueline jugea bon de se retirer mais dont elle garda fortement la marque que son père avait imprimée à notre famille. Elle était née à l'ombre d'un grand arbre dont elle avait su profiter pour grandir sagement.

VI

L'ombre du père

*Mes maîtres sont... ceux qui
refusent l'ombre.*
           Jacques RIVIÈRE.

Dès 1912, Jacques Rivière avait écrit un essai vibrant, *De la sincérité envers soi-même*[1], qui formulait parfaitement son engagement et sa recherche. Cette « vertu », il la définissait comme « un perpétuel effort pour créer son âme telle qu'elle est ». Il était conscient que c'était une vertu difficile qui n'allait pas de soi. C'est cette dynamique spirituelle qu'il poursuivait pour débroussailler dans ses sentiments tout ce qui se présentait d'abord à lui spontanément et « en quoi,

---

1. *De la sincérité envers soi-même*, suivi de *De la foi*, Gallimard, 1924.

disait-il, on tombe comme dans une ornière ». Les vraies pensées ne sont pas là, il faut aller les chercher au plus profond de soi-même, croyait-il, car elles se taisent. « La sincérité est une chasse subtile qui ne poursuit que des silences [...], rien n'est plus imprévu que soi-même, je n'aurais jamais imaginé un tel visage, pourtant lorsque la sincérité me le présente je ne songe pas un instant à le renier [...]. Voilà bien l'homme que j'étais ! »

Le parcours ensoleillé à la découverte de sa personnalité, l'affleurement de l'inconscient à la surface de son moi, tout ce travail, égotiste peut-être, mais non pas égoïste – car se bien connaître ne signifie pas se complaire passivement à ce que l'on est, mais se réjouir d'entrer en possession de ce merveilleux instrument de l'intelligence – ce fut le travail de toute sa vie.

Jacqueline n'en connut que le climat qui enchantait déjà son oncle Alain-Fournier et l'aida, reconnaissait-il, à « approcher de ce monde inconnu » qu'il désirait.

C'était, avouons-le, l'antithèse d'un certain langage de couvent où prévalaient encore à l'époque les idées de renoncement à soi-même plutôt que de conquête de sa vérité – ce qui est tout autre chose.

Je n'ai que trop entendu rabâcher ce thème durant ma propre vie monastique. Il fallait pourchasser la personnalité et la volonté propre qui ne pouvaient être qu'orgueil et obstacle à l'action de Dieu dans les âmes. Tout le contraire du héros de Claudel, façonné au premier jour de la création, à qui s'ouvrait l'univers dont il se découvrait le centre.

« Telles sont, ô Cœuvre, les noces où tu nous convies », écrivait Claudel dans *La Ville*.

« Tu n'expliques rien, ô poète, mais toutes choses par toi nous deviennent explicables. »

Bercée par ce langage vigoureux, notre famille avait fait du grand écrivain le père et la référence de notre pensée que Péguy lui-même contribua plus tard à rendre encore plus concrète.

Lorsqu'il lui fallut se plier à une autre discipline, Jacqueline, certes, s'y soumit sans murmures, malgré une révolte intérieure qu'elle s'efforça de dominer mais dont elle parlait peu. Nous n'en aurions rien soupçonné si elle-même n'avait avoué sa lutte en se confiant à nous sans amertume. Ce que ce

L'ombre du père.

combat lui coûta, nous ne le saurons jamais, sachant qu'en se mettant à la trace de son père elle fut tout entière attachée, comme lui, à « relever les traces de Dieu ».

Jacques Rivière de son côté eut à combattre d'autres intégrismes, y compris celui dont put faire preuve Claudel lui-même, très hostile à Marcel Proust qu'il ne pouvait considérer, disait-il, que comme « un authentique damné ».

À cela, Rivière opposa toujours un refus absolu. Il écrivit à son maître, tant admiré par ailleurs, son impossibilité à « prendre en considération le seul point de vue moral » lorsqu'il s'agissait d'établir un jugement critique sur une œuvre littéraire. Cette clarification, mon père la voulait introduire dans tous les domaines afin d'éviter tout ce qui risquait d'« obscurcir la vision intérieure de l'écrivain ». Il entendait respecter l'ordre et la nature des choses pour les empêcher d'empiéter les unes sur les autres. Il voulait ses « idées séparées ». C'était sa forme particulière d'intelligence, celle qui se réclamait des maîtres qu'il avait choisis lorsqu'il écrivait : « mes maîtres sont Descartes, Racine,

Marivaux, Ingres, Cézanne, ceux qui refusent l'ombre ».

Dans l'un de ses derniers écrits de 1924 il se définissait lui-même avant de mourir :

Ma terre me reprend, je vous dis.
Je finirai par avoir l'esprit aussi en ordre qu'un champ de vigne.
Croyez-vous que cela soit sans combat.
J'ai senti, je sens encore d'immenses sollici-tations.
Mais il faut choisir. J'ai choisi. Je choisis d'être sûr.
Je me range délibérément dans une catégorie de gens que j'ai détestés ;
qui est insupportable et gênante mais qui contribue aussi au progrès de l'humanité, je crois...
des gens, en tout cas, qu'il faudra supprimer avant que s'établisse le règne, déjà si puissant, déjà si largement répandu sur la terre,
du mensonge.

Telle était bien la fille de Jacques Rivière, qui, sans avoir participé aux débats du monde où elle avait vécu, l'avait quitté, sans pour

autant se croire obligée de lui jeter l'ana-
thème.

À la différence de notre père dont Maritain écrivait qu'il ressemblait à « un beau fleuve plein d'abîmes et d'îlots » dont les remous nous renseignaient sur « les courants contraires » qui l'agitèrent toute sa vie, Jacqueline, j'ose le dire, ne nous a jamais donné d'autre impression que celle, décrite par Mauriac au terme de son hommage à Jacques Rivière, de « ces longs crépuscules de juin où, toute la nuit, le jour demeure au bas du ciel »...

Comme si ce que d'aucuns ont appelé « le tourment de Jacques Rivière », qui l'occupa jusqu'à sa mort d'une fervente recherche, s'était transmué enfin chez sa fille en une paix indicible d'avoir *trouvé* et, selon son désir, d'avoir « choisi d'être sûre ».

Je choisis d'être sûr.

VII

L'abbé Altermann

Comment parler de cet homme à la fois prestigieux et pitoyable qui marqua nos vies de son charisme un peu équivoque mais irrésistible.

C'est en 1925, après la mort de mon père, qu'il s'était présenté à nous un peu comme un sauveur muni du laissez-passer céleste, auquel, dans son désarroi, ma mère adhéra d'abord profondément.

Il s'imposa par le simplisme et la rigueur de sa conviction religieuse. Il y avait d'un côté les bons, les croyants, c'est-à-dire les « saints », au sens où on le disait des premiers chrétiens ; de l'autre les non-croyants, c'est-à-dire les impies.

Si l'on avait la foi, on était sauvé, sinon c'était l'Enfer, le Royaume des ténèbres, où régnait Lucifer. Beau tableau pour néo-chrétiens qu'un peu de fanatisme pouvait effleurer, mais c'était une considérable régression par rapport à l'intolérance dont avait souffert déjà la jeunesse de Jacques et dont on retrouvait les positions extrêmes dans les chapelles qui prétendaient relever la France de ses ruines. Jacques avait prévu cette dérive lorsqu'il avait prononcé en 1924 ses conférence intitulées « Moralisme et littérature ».

Nous entrions dans un monde excessif. Nous vivions dans la peur d'être contaminés et nous n'avions à l'égard des malheureux incroyants d'autre réaction que de les fuir ou de les convertir.

À cela présidait une exaltation qui conduisait à une sorte d'inquisition dont nous nous défendions à peine, brandissant comme l'Église romaine de l'époque, les anathèmes les plus furieux pour chasser d'entre nous ce qui n'était pas conforme.

Normal que dans ce climat où régnaient même des esprits éminents comme Paul Claudel, les chrétiens ordinaires se sentent poussés à se retirer de ce monde, monde pour lequel nous n'avions plus aucune tolérance.

« Il y a des maisons pour ça... », avait proféré l'auteur du *Soulier de satin*...

C'était un esprit combatif et judiciaire dont nous nous imprégnions lentement au contact de l'abbé et de ses innombrables convertis qui formaient autour de lui une chapelle dépourvue d'un certain bon sens. Frappés d'une sorte de fièvre « obsidionale », nous nous renfermions dans le cercle de nos coreligionnaires.

Recevant chaque jeudi l'abbé à notre table, nous étions pour notre part habitués à cette perpétuelle exaltation, entretenue par le maître qui tentait de façonner nos âmes à son image.

Je me rappellerai toujours l'atmosphère surnaturelle dans laquelle il nous faisait vivre et je revois nos quatre visages illuminés par le feu de sa parole qui nous distillait lentement sa foi dévorante.

Rien d'étonnant, dès lors, à ce que naisse en nous trois un certain dégoût du monde qui nous poussait à nous en extraire vivement pour préserver notre intégrité.

Jamais je n'avais repensé à cette époque pour la remettre en question et je crois avoir trouvé l'une des clefs de notre histoire dans cette inféodation apparemment sublime qui nous faisait vivre sur des sommets inaccessibles aux non-initiés.

Aussi, lorsque Jacqueline annonça son désir de vie religieuse, l'abbé considéra-t-il cela comme une nouvelle conquête. Mais devant l'abîme de désolation que cet événement produisit, spécialement chez nos amis Cramer, Jacqueline ne sut pas trouver les mots de paix qu'il eût fallu pour expliquer sa démarche.

Alec avait dénoncé justement le ton « glacial » de la lettre qu'elle lui avait adressée, car ce « ton » était celui de son maître, coupant comme une lame, brûlant comme un fer rouge, dont nous resterons longtemps encore stigmatisés comme d'une période d'extase mystique.

Lorsque moi-même, emporté par ce vent fou qui nous avait poussés, j'entrai au monastère neuf ans après ma sœur, j'étais encore animé de ce désir d'atteindre à la hauteur sublime où l'abbé m'avait persuadé d'aspirer.

J'avais alors dix-sept ans et j'étais totalement inexpérimenté n'ayant jamais connu les réalités matérielles de l'existence.

Je revêtis donc la « robe prétexte » — en l'occurrence l'habit monastique —, celle qui fait un homme d'un adolescent encore fragile mais déjà conscient de ses actes et libre de choisir sa vie.

La Règle de saint Benoît que j'adoptais avait ceci de bon qu'elle était sainement réaliste et conduisait le moine avec une sagesse très près de la terre et du bon sens.

Grâce à elle, j'accomplis mon éclosion humaine que le monastère contribua à protéger et à favoriser comme dans une serre où l'on cultive les plantes délicates. Trente ans plus tard, j'avais acquis assez de maturité pour discerner la véritable vie qui devait devenir la mienne. Je rentrai dans le monde alors, sans regrets et même avec reconnaissance pour ce que j'avais vécu à l'ombre du cloître et lorsque, à mon départ, quelqu'un me posa la question décisive : « Est-ce pour toi une rupture ou une évolution normale ? » je pus répondre : « Je crois pouvoir dire que c'est une évolution normale de ma vie » qu'aujourd'hui je pourrai qualifier, en employant les mots de Péguy, comme « le développement rigoureusement continu de mon âme qui traduit une fidélité à moi-même ».

Aussi l'engagement risqué que j'avais pris en suivant l'exemple de ma sœur avait-il tourné pour moi en une épreuve salutaire de ma personnalité, que ma faculté d'adaptation avait contribué à transformer de façon positive.

L'abbé n'était plus là pour s'opposer à ce qui était mon destin, mais son influence avait causé bien des dégâts parmi les jeunes gens qu'il avait poussés indiscrètement à la vie religieuse.

Ma mère pour sa part eut le courage de s'abstraire de cette influence devenue néfaste, mais peut-être cette expérience l'aura-t-elle détournée de l'épanouissement que sa forte personnalité eût pu prendre dans les années d'après-guerre où elle vécut seule et sans appui auprès des deux monastères, avec l'inconsolable regret de n'avoir pu y suivre elle-même ses deux enfants.

VIII

Le pèlerinage immobile

*Sept fois le jour, je chanterai
ton nom, Seigneur.*
(Psaume 119)

On peut imaginer la vie monastique comme un long fleuve tranquille où il ne se passe rien, mais quelques minutes d'attente dans un parloir où vous avez demandé une religieuse suffisent pour percevoir les bruits familiers d'une véritable ruche bourdonnante. Les pas qui trottent derrière la porte, les ombres qui passent derrière la vitre opaque, le son répété de la cloche qui appelle, révèlent au visiteur que l'abbaye est au travail et témoigne d'une intense activité.

On ne pense pas en effet à la charge que représente une communauté nombreuse qu'il faut nourrir, vêtir, soigner et entretenir de

Une paix indicible d'avoir trouvé.

toutes manières. D'où une vie en autarcie où sont requises jour et nuit les compétences et les capacités de chacun de ses membres. Pour se suffire à soi-même le monastère doit exercer toutes sortes de métiers, depuis la boulangerie, l'élevage et le jardinage jusqu'à la broderie ou même la serrurerie, sans compter les travaux d'art et de recherche qui peuvent rapporter quelque argent pour alimenter la vie quotidienne et occuper chacun et chacune à un travail communautaire. Ce qui fait ressembler la condition du moine à celle de l'ouvrier qui travaille de ses mains plutôt qu'à celle de l'aristocrate qui vit de ses rentes. Les gens imaginent mal cette dépendance matérielle du travail qui est le lot des vrais pauvres. On entend sur les moines et les moniales des réflexions ahurissantes comme cette femme qui, passant sur la route d'En-Calcat à Dourgne, disait à qui voulait l'entendre : « Qu'est-ce qu'elles font là-dedans toute la journée ? Elles ne font rien, rien ! Elles sont là qui se gardent leurs millions. »

Pourtant, la subsistance quotidienne n'est pas le principal souci du moine ou de la moniale. La prière, l'œuvre de Dieu – l'*Opus Dei* – est vigoureusement placé par saint

Benoît au premier plan de leurs occupations comme il est dit au psaume 119 : « Sept fois le jour, je chante ta louange, au milieu de la nuit, je me lève pour te rendre grâces. »

C'est le long voyage du temps qui passe et qui revient chaque jour, « la recherche du temps perdu » et « retrouvé ».

Toutes les trois heures une hymne marque l'écoulement du temps selon l'inclinaison du soleil :

Le matin :

> *La nuit profonde a disparu*
> *Le ciel pâlit, voici l'aurore*
> *Jésus, lumière du chemin*
> *Conduis nos pas devant ta face.*

Le soir :

> *Quand tout décline, tu demeures*
> *Quand tout s'efface tu es là*
> *Le soir descend, tu resplendis*
> *Au cœur de toute créature.*

> *Et quand l'aurore qui s'annonce*
> *Se lèvera sur l'univers*
> *Tu régneras dans la cité*
> *Où disparaissent les ténèbres.*

C'est l'harmonie du monde qui nous entoure sur laquelle se greffe le mémorial de la vie et de la mort du Christ.

À l'intérieur de l'église, où se déroule le chant des Heures, la ronde des saisons se fait sentir par la porte entrouverte du cloître qui nous fait respirer sa lente splendeur odorante.

Jamais je n'ai mieux senti cette conjugaison de la prière avec la nature dont l'histoire se déroule tout au long de l'année, du matin jusqu'au soir, et la nuit, dans l'attente de l'aurore. Mystère de la vie et de la mort qui prend le visage du Christ à mesure que se lisent dans le grand antiphonaire les fêtes et les saisons qui célèbrent chacun des pas de Jésus sur la terre.

Bien avant l'entrée en religion de Jacqueline, nous avions déjà levé un coin du voile qui enveloppait les vies consacrées, en assistant chaque dimanche à la messe chez les bénédictines de la rue Monsieur à Paris ; c'est là que nous découvrîmes le chant grégorien pour la première fois. Et c'est peut-être aussi là que le premier signal de l'appel nous est parvenu.

Je me souviens que durant l'année qui précéda son entrée au monastère de Dourgne,

Jacqueline s'était procurée un gros livre de chants à tranche rouge des moniales où elle tentait de retrouver les mélodies qu'elle aimait. Couchée à plat ventre sur son lit dans sa petite chambre de la rue Boulard, elle fredonnait longuement pour elle-même ce qui allait devenir toute sa vie.

Cher chant grégorien qui est à la fois la parure des textes sacrés et leur traduction sensible ; monde inconnu pour nous transmis du Moyen Âge à nos jours, témoin de la foi millénaire autant que les sculptures et les vitraux des cathédrales et les miniatures des évangéliaires.

Lorsque j'ai moi-même quitté plus tard l'abbaye d'En-Calcat, j'ai souvent pensé qu'il était dommage d'être privé de cette richesse à laquelle on ne prend plus garde dans nos villes. Je me disais qu'il faudrait que les jeunes puissent passer un an ou deux dans un monastère avant d'entrer dans la vie active ; ils y apprendraient à lever plus souvent les yeux vers le ciel et à nourrir leur esprit au suc de la nature qui nous environne, pour faire contrepoids à un fébrile activisme.

Comme le scientifique penché sur son microscope pour traquer l'imperceptible, le moine est le témoin de Dieu. Loin de se consacrer « à quelque chose qui n'existe pas » comme me le disait un jour un de mes amis à la sortie de la messe d'En-Calcat, il est le rouage indispensable sans lequel l'homme étouffe par manque d'oxygène. À l'instar du paysan qui scrute le ciel pour prévoir la moisson, la besogne du moine est de recentrer sur l'essentiel la vie commune de tous les jours.

Il est témoin pour le monde de « ce que nul œil n'a jamais vu, ni l'oreille entendu » (I, Corinthiens 2.9). Il est le pèlerin de l'Absolu.

Dans ce climat, le dur labeur ouvrier se transfigure mais cela n'enlève rien à son poids matériel. L'homme n'est pas un ange. Il lui arrive de connaître la lassitude. La vieillesse venant, il lui devient difficile de se lever la nuit, de parcourir les longs couloirs et de monter les escaliers. Aussi faut-il une infirmerie pour soigner les malades, héberger les handicapés et entourer les moines et les moniales au moment de leur mort.

Il y a peu d'élus pour subir cette extension de tout l'être psychique associée à la rigueur physique qui accable les corps. Il y faut un tempérament qui n'est pas forcément accordé à tout le monde.

Je me souviens d'un jeune trappiste pourtant grand et vigoureux, qui venait d'être élu, à vingt-trois ans, abbé de son monastère de Sainte-Marie-du-Désert, près de Toulouse. Il m'avait raconté comment, à la fin d'une journée de travail aux champs, il lui arrivait d'être tellement épuisé de fatigue qu'il se cramponnait à la rampe de l'escalier pour parvenir le soir au dortoir et s'y coucher.

Jacqueline, qui n'était pas une athlète, succomba physiquement à cet excès de travail. Oui, le moine, la moniale, sont bien un homme, une femme comme les autres. Leur retrait du monde ne les dispense ni de la maladie ni de la souffrance. Ils mangent, boivent comme tout le monde et il ne faut pas s'étonner de les entendre rire et plaisanter lorsqu'ils en ont l'occasion. Rien de triste ni de compassé dans cette vie ; il fallait entendre de loin les rires et les bavardages des moniales en récréation : elles ne le cédaient en rien à un pensionnat de jeunes filles.

N'était la clôture qui nous séparait d'elles jusqu'à ces dernières années, rien ne pouvait, ni ne peut laisser croire que la vie monastique soit un funèbre ensevelissement. C'est, au contraire, un accomplissement joyeux de la condition humaine au sein de la création vivifiante des grandes lois de la nature.

UNE LONGUE
HISTOIRE D'AMOUR

I

L'autre côté du miroir

Je n'avais pas fait appel jusqu'ici aux rares documents qu'a laissés Jacqueline, voulant d'abord faire le tour de ma mémoire pour donner un portrait personnel de celle que j'ai connue et surtout le restituer enchâssé au milieu de tout ce que nous avons partagé avec elle, ma mère et moi.

Il y a cinquante-sept ans qu'elle nous a quittés, et ce que j'ai pu démêler d'elle et de nous, avec ou sans elle, ne peut être exempt des déformations liées à un témoignage où la stricte objectivité est naturellement entachée de quelque parti pris. C'est pourquoi j'ai gardé pour la fin la consultation des lettres que nous avons échangées avec elle, ma mère et moi, pendant les quinze années de sa vie religieuse.

Si Jacqueline avait « choisi », elle aussi, d'« être sûre », ce n'était pas pour tomber dans la facilité, mais, de l'extérieur, nous ne pouvons nous douter de l'âpre combat qui se livrait pour elle derrière les grilles. Ses lettres en laissent deviner quelques aspects, mais Jacqueline n'était guère bavarde pour parler d'elle-même, et il n'en apparaît pas grand-chose dans cette correspondance.

Par contre, j'ai reçu, en la lisant, la gifle de la réalité crue de sa vie. C'est tout d'abord le sentiment oppressant pour le lecteur de l'étroitesse du monde confiné où elle a vécu, qui ne recevait de l'extérieur que des nouvelles lointaines et rares. Ainsi n'ai-je trouvé que peu d'allusions directes à la guerre de 1939-1940 ; il est vrai qu'à ce moment-là, nous étions déjà réunis à Dourgne et que les parloirs permettaient de s'en entretenir. Mais il ne semblait pas que ce fût la préoccupation majeure de la communauté, au moins sur le plan de l'information concrète.

On imagine mal aujourd'hui qu'une jeune fille puisse supporter de laisser sa vie s'écouler entre quatre murs soigneusement barricadés – et même grillagés – contre le moindre souffle venu de l'extérieur. Certes un autre souffle animait ces femmes fortes et courageuses que rien n'effrayait et qui ne vivaient pas comme une malédiction la solitude doublée de l'existence en commun. C'était plutôt la forge où s'organisaient les caractères et se purifiaient les plus hauts sentiments. C'était peut-être là la forme de leur sainteté.

Par ailleurs, toutefois, cette correspondance est précieuse comme un livre de bord où sont consignés le quotidien et les moindres péripéties de nos sentiments et des menus événements dont ils étaient l'écho. On pourrait, à première vue, sourire du ton puéril des lettres du début où il n'est question chez Jacqueline que de sa joie émerveillée d'être religieuse après les quelques angoisses de l'adaptation à un milieu tout à fait inconnu et que Jacqueline n'avait jamais rêvé aussi beau.

De leur côté, et dès ses premières années, ses sœurs furent conquises par sa fraîcheur et par la grâce des moindres mouvements de son âme. « Votre chère petite fille va bien », écrivait l'abbesse au bas d'une lettre au moment de sa vêture, « elle est tout à fait comme si elle était née ici. » Quant à sa maîtresse des novices, elle comparait Jacqueline à une « petite chèvre ». « C'est tout à fait cela, n'est-ce pas ? » commentait-elle. Oui, Jacqueline était bien cette chèvre têtue qui abordait sans trembler les plus rudes escalades. Et l'on se rappelle avec un peu de nostalgie le temps où elle se distinguait parmi ses amis du Salève comme une parfaite varappeuse.

Quoi qu'il en fût, elle poursuivait sa jeune vie de petite fille au sein d'une communauté dont l'esprit d'enfance ne devait pas être pris pour de la puérilité, car en réalité, c'était la véritable nature de ces vies. L'abbesse parle aussi dans ses lettres en post-scriptum de « son petit air tranquille », que l'on pouvait prendre pour de la suffisance et dont elle-même demanda pardon à ses sœurs avant sa mort, consciente qu'elles auraient pu l'interpréter comme une sorte de jugement. En fait, de ces récits un peu idéalisés dont Jacqueline remplissait ses lettres, on sent monter un parfum virginal très éloigné de l'infatuation de soi-même.

Cette correspondance, en effet, est d'abord un tête-à-tête entre la mère et la fille, qui se veut rigoureux et s'efforce de faire oublier la séparation dont la déchirure est toujours prête à se rouvrir et que leur tendresse mutuelle s'emploie sans cesse à abolir. C'était ce que sa mère avait exprimé dès le début de leur déjà longue complicité : « N'avais-je pas l'habitude, écrit-elle, de te laisser tout voir de moi, ô mon petit compagnon, qui savais tout sans qu'il fût besoin de rien dire. »

Certes, trois visites réglementaires à Dourgne chaque année ne suffisaient pas à faire oublier la séparation ni son départ. Aussi lorsque le courrier de Dourgne arrivait à Paris, étions-nous, ma mère et moi, avides de recevoir le baiser de notre petite fille.

On apprend ainsi, au fil des lettres, la vie de bienfaisance de ma mère devenue visiteuse d'hôpital et catéchiste de pauvres femmes abandonnées qui commençaient à se souvenir de Dieu en présence de la mort et qui demandaient à être baptisées ou à faire leur première communion. Mais à travers ces notes concrètes qui permettent d'établir un commencement de biographie des deux femmes, il est rare de trouver chez Jacqueline un quelconque retour sur soi qui pourrait nous servir de portrait psychologique. En vain attendrait-on d'elle cette subtile analyse passionnée de soi à laquelle mon père se livra toute sa vie. Le train de Jacqueline ne s'arrêtait pas à ces stations-là. Il faut arriver aux instants dramatiques où nous avons d'abord failli la perdre une première fois en 1936 pour recueillir d'elle quelques impressions subjectives sur sa vie intérieure que la menace de la mort lui arracha.

Pourtant, un deuxième document nous reste de ma sœur, qu'il faut mettre en parallèle pour éclairer cette correspondance : ce sont des notes sur sa vie spirituelle, sur cette face cachée dont nous étions précisément si peu informés.

J'avoue avoir été meurtri en les redécouvrant. On y voit le tableau d'une lutte acharnée contre soi-même qui témoigne de la conception qui lui avait été inculquée au monastère concernant la vie spirituelle. Il fallait avant tout « se dépersonnaliser » pour « être tout à Dieu ». Beaucoup de tristesse m'est venue à constater ce temps – si court par ailleurs – perdu à ce massacre inutile et pervers. Comment détruire une personnalité soi-disant « par amour » ? Même l'amour humain n'a pas ce souci – si c'est là le but introspectif choisi. On ne se transforme pas en s'appauvrissant.

C'est, hélas ! le spectacle que donnent parfois ces vierges consacrées qui passent leur existence à s'annuler elles-mêmes au lieu de se développer pour celui qu'elles prétendent aimer ; elles en arrivent tout juste à s'infantiliser. Ce n'était pourtant pas la doctrine de cette communauté, par ailleurs très réaliste et solidement implantée dans un bon sens, pour ainsi dire paysan, de la vie. Comment d'ailleurs Jacqueline aurait-elle pu parvenir à éteindre ce regard lumineux et interrogateur tout entier tourné vers l'avenir, qui se révéla dès le berceau : nous avons bien perçu cette flamme intérieure qui a continué de brûler en elle jusqu'au bout.

Dans ses lettres, cependant, qui sont pour la plupart consacrées à de longues méditations sur le bonheur d'être religieuse, Jacqueline, avec son tempérament fougueux, ne cesse de partir en guerre contre elle-même. Ma mère, avec son bon sens de terrienne, intervient pour atténuer le massacre. Plus expérimentée et prudente, elle lui fait un peu la leçon. Le 15 janvier 1934, Jacqueline lui avait écrit une lettre émaillée de plaintes contre elle-même qui tournent à l'automutilation : « ... si j'étais plus fidèle, je pourrais obtenir tant de grâces... si j'étais plus sainte, si j'étais plus sainte ». Et le 4 février, reprenant la phrase de saint Paul : « Je ne fais pas le bien que je veux et je fais le mal que je ne veux pas... je ne manque pas de bonne volonté ni, hélas ! de volonté propre, mais de volonté tout court. »

Et cela se répète de lettre en lettre ; le 18 novembre, elle écrit : « Il faut, il faut que nous devenions tous les trois des saints, à n'importe quel prix, par n'importe quel moyen que Dieu voudra, n'est-ce pas ton avis ? » La réponse de sa mère arrive, presque cinglante mais combien sage, le 28 novembre : « Nous n'avons pas à nous occuper de ce que nous devenons, nous n'avons à être occupés que de Dieu. Être saint c'est aimer Dieu, *vouloir* être saint, c'est oublier Dieu un instant pour penser à soi [...]. Il faut ici l'aspirateur parfait, il faut que Dieu fasse le vide complet [...] et c'est là quand nous voulons mettre des embellissements dans notre âme, des vide-poches, des fleurs artificielles, de la vertu, des "œuvres" artificielles que ça fait de jolis petits nids à crasse ! »

Heureusement, en effet — ses notes l'attestent —, sur la fin, Jacqueline finit par lâcher prise ; elle reconnaît n'avoir pas réussi à s'anéantir comme elle le voulait, et elle s'en remet à Dieu de la transformer comme il le désire. Elle accepte alors, semble-t-il, de laisser fleurir sa nature plutôt que de s'efforcer à la guérir, c'est-à-dire à la conformer à un modèle imaginaire né d'une négation morbide des réalités de la vie. Jacqueline, par tout son comportement, avait opposé à cela une simplicité divine qui avait illuminé sa vie religieuse à temps pour ne pas se détruire. C'est sans doute sa droiture même qui l'avait persuadée d'abolir d'abord son propre jugement pour se conformer à l'« esprit monastique » de mortification qu'on lui avait enseigné.

Nous l'avons vu dans notre parallèle avec l'intuition de Jacques Rivière sur « la sincérité envers soi-même » : il avait compris, lui, en dehors de toute dialectique théologique ou morale, que ce qui lui était demandé, c'était de sonder les profondeurs cachées de sa nature pour faire apparaître les vraies vertus de son âme : celles qui lui avaient été données pour qu'elle en porte tout naturellement les fruits.

On a du mal à imaginer que ces êtres d'élite qui se sont donné rendez-vous dans un haut lieu de prière et de beauté terrestre puissent à ce point chercher à se frustrer elles-mêmes de cette beauté au lieu de la cultiver, fût-ce pour en faire hommage à Dieu.

Il y eut avec sa mère des affrontements d'une autre sorte, normaux dans tous les couples les plus unis, et qui, loin d'entamer l'amour, lui offrent l'occasion de s'affermir. Depuis son arrivée à Dourgne en 1937, Isabelle avait eu droit à un parloir chaque dimanche. Ma mère continuait à recevoir beaucoup de « pauvres âmes » qu'elle avait l'habitude de confier aux prières de Jacqueline ; mais désormais il lui paraissait normal de les lui amener au parloir. Dans une lettre ferme bien que pleine de tendresse, Jacqueline lui fit savoir qu'elle dépassait ainsi les bornes permises par la Règle et les Constitutions. Isabelle se soumit docilement et ne réclama plus le bienfait trop fréquent de faire apercevoir à ses ouailles le doux visage de sa fille.

Bouleversantes, pourtant, ces lettres, quand on les lit de A à Z. C'est une longue histoire d'amour entre une mère et sa fille, à travers la monstrueuse barrière des grilles. C'est Jacqueline qui ouvre la voie, la voie douloureuse du Calvaire où sa mère la suit, associée à son destin par toutes les fibres de son cœur. Mais c'est aussi un conte de fées où tout est merveilleux, et comme à la fin d'une histoire, on voudrait être des enfants pour répéter : « encore... ». La belle héroïne est retournée au pays des rêves, et nous voilà tout seuls dans la forêt glaciale du monde qui est bien moins réelle que l'autre où résonne maintenant la claire petite voix chantante de Jacqueline.

II

Le rêve d'Isabelle

Je voudrais être religieuse.

Le 22 juin 1930, après sa vêture, Jacqueline avait écrit à sa mère : « Quand Alain aura ceint la couronne de moine, tu viendras me rejoindre. Voilà comment j'arrange les choses, moi ! Puisque le Bon Dieu a commencé de prendre la famille pour lui, j'ai confiance qu'il la prendra tout entière. »

C'était péremptoire et bien dans sa manière. C'est alors sans doute que naquit le merveilleux projet de nous retrouver tous les trois à Dourgne et que ma mère rêva de devenir elle-même religieuse. Quant à moi, Jacqueline m'avait déjà trouvé un nom : « Tu seras frère Bonaventure. »

Les lettres en témoignent, notre vie à Paris

nous était devenue pesante et presque insupportable depuis que nous avions vécu à Dourgne les longues et somptueuses cérémonies, les contacts avec les moniales et particulièrement avec l'abbesse, mère Marie Cronier, la fondatrice que l'on vénérait comme une sorte de sainte Thérèse d'Avila. Tout ce contexte nous inspirait un irrésistible désir de rejoindre ce que nous appelions déjà « notre patrie », le cher pays qui était un peu, pour ma mère et moi, la réalisation du « pays sans nom » dont Alain-Fournier avait longtemps cherché le chemin. Nous, nous l'avions trouvé, ce pays, et nous ne rêvions plus, ma mère et moi, que d'y vivre de la vie que nous laissait percevoir l'abbaye, vue de l'extérieur. Nous nous voyions déjà tous les trois réunis dans les deux monastères voisins et nous rêvions d'une vie idyllique.

Toute l'année 1933 fut remplie d'un premier projet, qui aurait été de me faire entrer à l'alumnat pour m'y préparer au baccalauréat avec les élèves de l'école monastique. Malheureusement le père-abbé d'En-Calcat décida de ne pas créer les cours supérieurs à la troisième qui avaient été alors envisagés ; et le beau projet s'évanouit provisoirement.

Dans le même temps, ma mère avait cru honnête de faire part de son vœu à l'abbé Altermann :

J'ai donc voulu parler de la chose à l'abbé Altermann. [...] Sache seulement que l'exposé de nos projets, ou plutôt de nos désirs, a provoqué chez lui une véritable colère. Après une discussion de deux heures où je crois avoir essayé en toute humilité et sincérité, de dire les choses exactement comme je les vois, ses conclusions ont été celles-ci : je veux entrer au couvent « pour retrouver mes deux enfants », « par goût naturel » et parce que « ça fera bien dans le monde littéraire ». Enfin « j'ai bien mal supporté l'épreuve qu'il m'avait imposée en me disant non après m'avoir dit oui, puisque je lui ai reparlé de ce projet ». En me quittant il a ajouté : « Eh bien, vous voici bien loin de l'état où il faudrait être pour penser à la vie religieuse. »

Je suis restée dans un état de malaise affreux – surtout à cause de cette espèce de tournure que l'entretien avait prise de querelle personnelle entre lui et moi.

Aquarelle d'Isabelle Rivière.
Vieilles maisons du village de La Chapelle-d'Angillon,
pays où elle a passé son enfance avec son frère Alain-Fournier.

Le beau rêve un peu enfantin brisé, nous nous retrouvâmes, humiliés et déçus par la colère de l'abbé. La confiance admirative que nous lui avions vouée fut gravement entamée et nos yeux commencèrent de s'ouvrir. Jacqueline, elle, qui n'avait pas douté de la sincérité de son désir et de sa pureté d'intention, écrivit à sa mère, le 22 mai 1933 : « À propos de ce que tu me dis de l'abbé Altermann, je voudrais tant que tu te résignes une bonne fois à ne plus t'inquiéter de son avis ; je t'assure sérieusement que tu te rends malheureuse pour rien. » Ma pauvre mère, que j'essayais de mon côté de consoler et de soutenir de mon affection, se demanda alors pour la première fois si elle devait continuer de se confesser à l'abbé.

Par ailleurs, un différend assez sordide avec le monastère des bénédictines à propos d'un buste du père-abbé fondateur, dont les moniales avaient demandé à l'abbé Altermann de négocier le prix auprès du sculpteur, acheva d'introduire le doute dans l'âme de ma mère. Ce fut en novembre 1933 qu'elle se décida, sur le conseil de Jacqueline et le mien, à lui envoyer une lettre où elle lui déclarait humblement avoir perdu sa confiance et lui demandait la permission de ne plus le considérer comme son directeur : l'abbé, très mortifié, s'inclina, en laissant paraître un étonnement attristé. Et ma mère recouvra une liberté trop longtemps brimée par l'impérialisme de l'abbé.

Tout cela n'était pas facile à vivre, mais Jacqueline fut pour nous une conseillère objective et sage. « Tu ne sais pas, lui écrivait ma mère, de quel secours tu es, mon petit bâton de faiblesse ! » Le beau projet de nous retirer à Dourgne fut alors modifié. La sagesse des moines jointe aux conseils des religieuses finit par persuader ma mère de ne pas envisager pour elle-même, à quarante-quatre ans, de rejoindre sa fille dans le cloître, même si je devais moi aussi quitter le monde pour y entrer.

En attendant, notre existence se poursuivit loin de Jacqueline pendant encore quatre ans, mais notre cœur habitait à côté d'elle. « Nous ne rentrerons jamais plus », écrivait ma mère de Paris, en janvier 1934, après un séjour à Dourgne ; « prie Dieu pour que nous finissions bientôt l'un et l'autre par nous établir enfin chez nous, là où est avec toi notre cœur. » Ce que dans mon langage d'enfant, j'avais exprimé un jour, trois ans plus tôt, à ma mère en me réveillant : « Je n'ai jamais été aussi nostalgieux. »

C'est ainsi que s'écoula notre vie pendant ces années d'attente où nous nous consumions du désir de rejoindre Jacqueline. Enfin, après avoir échoué une première fois au baccalauréat en 1936, je redoublai ma première, puis – aventure rocambolesque – je le ratai une deuxième fois l'année suivante pour être rentré de vacances à Paris le lendemain de la session d'examen. Je demandai alors, sans plus attendre, d'entrer malgré tout à En-Calcat ; et sur mes instances, ma mère, d'abord hésitante à me laisser partir, craignant que cela ne soit une dérobade, finit par se joindre à moi pour solliciter du père-abbé mon admission. Celui-ci, après en avoir longuement débattu avec nous, consentit à me recevoir au noviciat, selon ses termes, « dans toute ma pauvreté baccalauréatique ». J'entrai donc au monastère le 30 novembre 1937, à l'âge de dix-sept ans.

Ma mère se résolut alors à louer, puis

acheter une petite maison au village de Dourgne, où elle passa les trente-quatre dernières années de sa vie. Elle avait alors quitté Paris pour toujours et nous étions tout de même réunis tous les trois : son rêve s'était enfin réalisé.

III

Le grand-père et sa petite-fille

Depuis la mort de ma grand-mère, en 1928, ma mère Isabelle avait accueilli son père chez elle à Paris et mis un terme à la vie vagabonde, ponctuée de médiocres aventures, qu'il avait menée après avoir quitté sa femme à la fin de la guerre.

Il était un peu notre « Frantz de Galais », romantique, ombrageux et susceptible : il n'avait pas supporté la mort de son fils Henri et gardait rancune au « Bon Dieu » de le lui avoir repris avant qu'il ait pu mener la carrière brillante qui l'attendait après la parution du *Grand Meaulnes*, dont mon grand-père était immensément fier. Il vivait donc au gré de ses impulsions et s'était progressivement fâché avec plus ou moins tous ceux qui l'entouraient.

Mais lorsque, après la mort de sa femme, il était venu demander humblement à ma mère si elle acceptait de lui donner asile, elle lui avait instantanément pardonné son abandon, et il avait pris chez nous la place et la chambre restées vides de ma grand-mère. Lui qui avait passé sa vie d'instituteur avec les enfants, il retrouvait chez nous tout ce qu'il aimait au monde, et nous recommençâmes une vie à quatre, dont il était le compagnon un peu fantasque et imprévisible mais qui ne pouvait jamais rien refuser à ses petits-enfants.

Il adorait ma sœur ; il en était fier, comme de la plus belle fleur de son jardin familial. Inutile de dire que le départ au couvent de Jacqueline l'avait profondément blessé, dans son cœur d'abord, mais surtout dans ses convictions laïques et républicaines forgées à l'École normale dans la plus pure tradition de Jules Ferry.

Lorsque Jacqueline prit l'habit en 1930, il hésita d'abord à venir à Dourgne assister à la cérémonie. Il s'y décida finalement, mais ne put s'empêcher durant tout l'office de grommeler tout haut en voyant l'abbé couper les cheveux de sa petite-fille : « On en voit autant

Le grand-père et la petite-fille.

chez le perruquet ! » s'écria-t-il. C'est dire s'il était loin d'accepter de perdre son trésor, encore moins de l'offrir à Dieu.

Mais Jacqueline ne s'avoua pas vaincue. Dans une lettre à sa mère, du 31 mai 1931, elle écrivait : « Voudrais-tu dire à grand-père qu'il me ferait une grande joie s'il communiait le jour de ma profession. Je voudrais tant qu'il soit un bon chrétien. Embrasse-le pour moi. » Sans doute Isabelle avait-elle doucement préparé le terrain, au lendemain de la prise d'habit, pour que, le 14 novembre 1930, elle écrive à Jacqueline :

Ton grand-père meurt du désir de revenir à Dourgne ; il ne parle que de la possibilité de nous accompagner à Noël, et je me demande s'il n'y aura pas moyen cette fois de le mettre un peu plus véritablement en face de Dieu. Je trouve qu'il a beaucoup changé depuis Dourgne. Je ne lui ai pas revu cette irritation latente qu'il a d'habitude contre tout le monde et qui éclate à la moindre occasion. La paix de l'abbaye semble avoir pénétré en lui, l'avoir un peu détendu.

Du coup, Jacqueline lui écrivit directement à l'occasion de sa profession triennale (qui précède la profession perpétuelle) pour le persuader de revenir à Dieu.

15 juin 1931

Ne cherche pas quel cadeau tu pourrais me faire pour ma profession (je sais que tu aimais bien m'en faire autrefois).

Le seul qui me ferait plaisir c'est que tu communies le jour de ma profession pour être près de moi tout en étant éloigné. Il n'y a pas de meilleur moyen que de nous rencontrer dans le cœur de Notre-Seigneur. Ne veux-tu pas me donner cette joie ?... Il faut préparer son éternité et quand on n'a pas commencé au commencement il faut mettre les bouchées doubles...

Je t'embrasse très tendrement, mon chéri grand-père, écoute ta petite fille, je t'assure qu'elle a raison.

« J'ai mis tout mon cœur dans cette lettre, ajoute Jacqueline, ne la laisse pas être inutile : sois un bon et vrai chrétien, pas seulement de nom, mais de tout ton cœur. » La réponse du grand-père ne se fit pas attendre. Isabelle raconte, le 22 juin : « Ton grand-père a lu la lettre auprès de moi, dans le fauteuil. Et quand il a eu fini, il a dit : Naturellement, je ne peux pas lui refuser ça. »

L'année suivante, Jacqueline écrit de nouveau à son grand-père, le 26 octobre, une lettre débordante de tendresse. (Il y avait eu quelques malentendus, et mon grand-père n'était pas venu à Dourgne avec nous à Pâques.) « C'est seulement un malentendu qui t'a empêché de venir à Dourgne. Oublie-le et sois donc encore mon petit grand-père chéri qui, autrefois, faisait tout ce que je voulais. »

Puis elle avoue son inquiétude pour son âme, car elle apprend qu'il ne va pas à la messe le dimanche : « Penses-tu quelquefois à la vie éternelle ? écrit-elle. J'ai vu plusieurs morts ici cette année, et je trouve que c'est bien terrible... Dieu nous demande si peu ; on en fait dix fois, cent fois plus pour gagner de l'argent... Tu me donnes des soucis, tu sais. » Son grand-père lui répondra, écrit Jacqueline, « une lettre absurde et très tendre comme d'habitude ».

Mais le 6 février 1933, il tomba malade

d'une congestion du cœur et s'alita. Il fut entouré des soins les plus énergiques, « ventouses scarifiées, digitaline, belladone, etc. », écrit ma mère ; mais lui-même comprit qu'il ne se remettrait plus. Il parle de sa mort. Isabelle le presse de se confesser, ce qu'il accepte de faire, le 10 février ; il communiera le lendemain. Les jours suivants, il parle toujours de sa fin prochaine, et lorsqu'il se sent mieux, il déplore « que ce ne soit pas pour cette fois ».

« Depuis, il est infiniment doux, paisible et reconnaissant. Toute son habituelle irritation a disparu, et il est comme un petit enfant, plein d'amitié. Cela m'étouffe de tristesse et de pitié, et je voudrais lui rendre d'un seul coup tout l'amour dont il s'est lui-même privé dans sa vie » (20 février 1933).

Le 22, à mon retour de l'école, ma mère m'ouvrit la porte, les yeux pleins de larmes, avec ces mots : « Il est mort ton petit grand-père. » Il s'était endormi paisiblement et ne s'était pas réveillé. Écrivant à Jacqueline, Isabelle, dans sa tristesse, se réconforte de penser que « Dieu a eu cette gentillesse de le prendre tout endormi, comme un petit enfant qu'on soulève dans ses bras pour le porter dans la chambre voisine, et qui n'ouvre même pas les yeux ».

Jacqueline ayant reçu le matin un télégramme, écrit le même jour : « Grâce à Dieu, il était prêt. Dieu est bien bon de préparer ainsi les âmes avant de les prendre. » Et parlant de son retour final à Dieu, « à Dieu, ajoute-t-elle, qu'il n'a connu sur terre que bien imparfaitement. Mais est-ce entièrement de sa faute ? ».

Ainsi la petite religieuse avait-elle réussi à obtenir ce qu'elle voulait, et le grand-père s'était laissé dompter par sa douceur et sa fermeté, comme un grand cheval rétif sous la main du seul maître qui ait jamais su apprivoiser ce cœur malade d'avoir trop aimé son indépendance.

IV

Mère Marie-Jacqueline

Sagitta electa.

Son noviciat terminé, Jacqueline s'était préparée avec une joie immense à sa profession perpétuelle. Elle eut lieu le 24 juin 1934, fête de saint Jean-Baptiste. C'était une grande cérémonie. On accueillait la jeune novice à la porte de la clôture pour la conduire à l'église où elle avait son prie-Dieu préparé dans le sanctuaire, face à l'autel. C'est là que, solennellement, à l'offertoire de la messe, elle prononça ses vœux – en latin à l'époque – en lisant à haute voix sa charte de moniale qui l'engageait désormais aux trois vœux de chasteté, d'obéissance et de stabilité. Le renoncement à tout bien propre, la pauvreté, était déjà de mise depuis la première année du noviciat et la coutume était prise d'emblée de ne parler des biens ordinaires qu'en employant la première personne du pluriel au lieu du pronom possessif. On habitait « notre cellule », on revêtait chaque jour « notre robe » et « notre voile ». La chose était parfois comique : un jeune frère d'En-Calcat appelé un jour par nous au parloir s'était tellement pressé de s'y rendre qu'il nous avait salué plaisamment en s'excusant de n'avoir eu « le temps de laver qu'un de nos pieds ».

La moniale revêtait alors la grande coule à longues manches, et le prêtre la coiffait d'une couronnes de roses sur son voile noir. Puis elle chantait trois fois, seule, les bras étendus vers le ciel, le verset du psaume :

> *« Suscipe me, Domine, secundum eloquium tuum, et vivam et non confundas me ab exspectatione mea ! »*

C'est-à-dire :

> « Reçois-moi, Seigneur, selon ta parole, et je vivrai, et ne me confonds pas dans mon espérance ! »

Moment solennel entre tous qui faisait toujours couler quelques larmes. Mais la joie prévalait aussitôt et, la messe achevée, on reconduisait la professe au chant du *Te Deum* jusqu'à la porte de la clôture, où elle frappait en chantant :

> « *Aperite mihi portas justitiae*
> *ingressa in eas confitebor Domino.* »

C'est-à-dire :

> « Ouvrez-moi les portes de la justice,
> et j'entrerai en chantant le Seigneur. »

La porte s'ouvrait alors, découvrant la communauté massée tout entière dans le cloître, qui lui répondait par un chant d'accueil. Puis... la porte se refermait. Pour toujours ; et c'est ce « pour toujours » qui perçait le cœur des mères et des amis, sachant que jamais plus ils ne pourraient serrer sur leur cœur leur enfant bien-aimée.

Heureusement, de nos jours, cette sévérité pour la famille a été tempérée par la création, dans la plupart des monastères féminins, de parloirs sans grilles où l'on peut s'embrasser et s'asseoir ensemble pour parler sans la moindre entrave. Mesure d'humanité qui aurait dû être prise depuis longtemps sans que rien soit ôté à la plénitude du don fait au Seigneur.

C'était désormais notre révérende mère Marie-Jacqueline devant laquelle nous nous retrouvions avec émotion tant son visage était rayonnant de confiance. Elle conserva toujours cette joie qui nous aidait à porter le lourd fardeau de la séparation. Quittant donc le noviciat qu'elle avait habité quatre ans, Jacqueline se trouvait dotée d'une nouvelle cellule qui lui donnait plus de liberté et d'indépendance, où elle pouvait travailler et prier seule, mieux que dans les salles communes du noviciat où elle avait vécu jusque-là.

Jacqueline choisit alors de se consacrer à l'étude de l'hébreu et entama très vite la traduction des Psaumes. Elle faisait des découvertes et nous entretenait souvent de ses trouvailles, à mesure qu'elle approfondissait le sens de la langue hébraïque, à la fois si fruste et si inattendue par son rapport avec les choses concrètes, qui faisait remonter le sens des mots à la saveur initiale des réalités de la vie rarement perceptible dans les traductions.

Mais Jacqueline ne négligeait pas non plus le travail manuel ; c'est alors qu'elle reçut la charge de l'atelier de broderie où l'on fabriquait les ornements sacerdotaux pour les deux monastères. Son autorité s'y manifesta très vite et sa compétence bientôt acquise lui valut la confiance de ses compagnes d'ouvroir. Cessant d'être confinée au petit groupe du noviciat, mère Marie-Jacqueline fit son entrée dans la communauté où elle se retrouva tout de suite à l'aise, tout en gardant pour telle ou telle de ses compagnes de noviciat la même amitié qu'auparavant. En communauté, on ne faisait pas de préférence, et l'ouverture restait totale entre toutes les moniales. Chaque jour, à la récréation quotidienne, elles se retrouvaient toutes groupées autour de leur mère-abbesse qui avait pour chacune un mot personnel. L'atmosphère était très détendue et les conversations animées. L'« esprit de communauté » régnait, mais sans préjudice des personnalités qui pouvaient s'affirmer librement, mieux que dans le groupe restreint des novices où elles avaient été plus encadrées.

Jacqueline fut très heureuse de son nouveau statut et fut appréciée de ses sœurs qu'elle découvrait après quatre longues années de préparation. Un nouvel entourage s'ouvrait à elle : c'était un peu comme une entrée dans la « grande classe » où la « nouvelle élève » fit excellente figure ; elle devint bientôt, malgré sa modestie, quelqu'un vers qui se tournaient les regards et dont on attendait plus que d'une simple religieuse.

Parfois, certains ou certaines nous ont laissé entendre que si sa santé ne l'en avait très vite empêchée, elle aurait été volontiers choisie plus tard comme abbesse, à cause de cette lucidité qu'elle apportait en toutes choses, doublée de la compréhension qu'elle avait des autres. Sa petite-cousine, qui fut moniale à Sainte-Scolastique vingt ans après sa mort, fut élue à cette fonction ; elle lui ressemblait et sa vocation lui devait peut-être quelque chose : il m'a souvent semblé retrouver l'esprit de ma sœur chez mère Agnès. Malheureusement, elle aussi fut fauchée trop tôt par la maladie. Qu'auraient-elles pu réaliser l'une et l'autre si elles en avaient eu le temps ? Il est vain de se le demander ; mais pour toutes les deux, c'est le regret que nous ne pouvons nous empêcher de ressentir.

Mon père, lui aussi, ne nous a-t-il pas laissé une présence très forte après sa mort, qui permet de penser qu'il a survécu dans ses œuvres et dans notre mémoire ? La survie de mère Marie-Jacqueline est plus secrète et mystérieuse, mais aussi profonde dans sa nature que le rayonnement qu'a pu avoir mon père en littérature. Combien d'entre nous qui l'avons connue restent encore remplis de cette présence, plus éthérée puisqu'elle ne repose sur aucune œuvre écrite qui eût pu créer ce qu'on appelle une « mémoire ».

Ce qu'elle nous apporte, c'est encore cette lucidité pour ne s'attacher qu'à ce qui seul compte, ce qui seul fait vivre. Et nous lui devons chaque jour une reconnaissance pour ce bienfait si rare.

V

Aussi simple que cela

« Pour Jacqueline, tout était toujours très simple. C'est ainsi qu'elle considéra ce qu'elle appelait sa première mort. »

C'était en 1936. L'année précédente, elle avait été chargée par les moines d'En-Calcat de réaliser un ensemble considérable d'ornements sacerdotaux en vue de la consécration de leur église. La cérémonie devait réunir vingt-cinq prélats et un grand nombre de diacres et de sous-diacres. Il fallait autant de chasubles, de chapes et de dalmatiques brodées.

Ce fut un travail immense qui occupa l'atelier de broderie durant de longs mois. Jacqueline s'y donna tout entière, mais l'œuvre une fois achevée, la maladie s'abattit sur elle avec une rare violence, jusqu'au mois de janvier 1936 où l'on crut qu'elle allait succomber. Le 11 janvier, un télégramme de Dourgne nous rappela en urgence : « État très grave, cœur atteint. »

Nous nous précipitâmes au chevet de notre petite sœur, et après un voyage de nuit cauchemardesque, nous pensions arriver trop tard. Naturellement, il n'était pas question de nous rendre vraiment auprès d'elle : l'obstacle de la clôture était encore infranchissable, même dans de telles circonstances. Et c'est au parloir qu'on nous mit au courant de la situation : Jacqueline avait miraculeusement survécu.

Nous restâmes encore de longs jours à attendre les nouvelles au parloir : c'était l'abbesse elle-même qui nous les apportait quotidiennement et plusieurs fois par jour. Enfin, la maladie finit par lâcher prise, et l'on put bientôt nous amener au parloir la « mourante » dans son lit. Inexplicablement, la vie avait repris, et une longue convalescence allait commencer. Très blanche et comme épuisée par la terrible tempête, nous la vîmes enfin revenue des portes de la mort. Affaiblie mais ressuscitée, elle tâcha alors de nous décrire par où elle avait passé. Il semblait qu'elle eût réellement franchi le seuil définitif, puis que, mystérieusement, la porte se fût refermée après s'être entrouverte un instant.

C'est seulement après notre retour à Paris qu'elle nous écrivit, le 15 février, ses réflexions profondes :

« C'est tout de même terrible de mourir, bien que cela *m'ait paru si simple* quand j'y étais ; c'est simple en effet, mais c'est pour cela que c'est terrible. "Je suis sorti nu de ma mère et nu j'y rentrerai." Il me semble que la souffrance physique n'est rien à côté de cette simplification de notre être qu'il faut subir. Il ne reste vraiment plus rien. »

« La simplification de notre être » ! Tout lui semblait simple désormais. Et c'est dans cet esprit qu'elle commença de gravir un long calvaire de huit ans avant de parvenir, pour la deuxième et dernière fois, à la porte qui s'était déjà entrouverte un instant pour elle.

Après cette « première mort », elle reprit d'abord provisoirement ses forces ; elle retrouva avec joie la vie de communauté, à laquelle elle était très attachée surtout depuis sa profession solennelle et qui devait encore lui faire défaut à bien des reprises au cours des années suivantes. La maladie était sa première et fidèle compagne, celle qui ne la quittait plus que de temps en temps pour revenir à l'improviste par une nouvelle crise. Elle ne recouvra jamais la plénitude de ses forces et dut vivre presque toujours séparée de la communauté.

Jacqueline décrit ces hauts et ces bas avec une tranquille poésie : « Cela ressemble, écrit-elle à sa mère, aux remous de l'eau quand on y a jeté une pierre ; ils vont en faiblissant peu à peu, mais l'eau est agitée encore très loin de l'endroit où la pierre est tombée. Patience ! Patience ! » Et elle ajoute : « Je suis comme un petit charbon dans la main du Seigneur, qu'il peut ranimer d'un souffle ou éteindre tout à fait. » C'est presque un jeu pour elle de regarder la fièvre monter et descendre et l'invalidité la circonvenir peu à peu. Toutefois, dans les moments de répit, elle connaît la joie de sortir dans le jardin et même de pouvoir y rester seule ou accompagnée de quelques sœurs en convalescence comme elle, et de prendre avec elles ses repas sous un arbre, face à la Montagne Noire qui domine l'abbaye.

Elle voit surtout dans sa maladie l'occasion

« de gagner des mérites et d'acheter des grâces », la vie spirituelle comme un trafic, avec Dieu pour partenaire, dont elle serait le « petit charbon », le combustible de sa grâce.

Mais elle jette aussi un regard plus sain, lorsqu'elle écrit, le 26 novembre 1936 : « La vie spirituelle est la chose la plus matérielle qui soit au monde, je veux dire la plus positive, la plus réaliste, la moins idéale, et elle se bâtit avec du mal de cœur et des devoirs ennuyeux, plus qu'avec de belles considérations. » Et elle m'envoie à moi, son frère, alors adolescent, une lettre sur la « patraquerie » qui n'est pas dénuée d'humour. Jacqueline ne perdra jamais son sourire.

26 novembre 1936

Cher petit frère,

... Alors, tu es toujours languissant et trainassant, pauvre vieux et pas bon à grand-chose ?

Cela m'a donné l'idée de te parler de la « patraquerie » qui est un état très salutaire sinon très agréable, et dont il faut savoir profiter.

Il y a d'abord l'avantage de nous tenir dans l'humilité quand on a mal partout et qu'on se sent complètement idiot, il n'y a plus qu'à s'humilier et à reconnaître que vraiment on ne vaut pas cher.

Mais il y a aussi des dangers contre lesquels il est bon d'être averti. Le mal d'estomac rend grincheux et même si la grincherie ne sort pas à l'extérieur, on a tendance à voir les choses en noir et à se décourager. C'est lassant à la fin d'être perpétuellement pas comme tout le monde. On prendrait peu à peu l'habitude de se laisser aller. N'est-ce pas bien cela, mon petit frère chéri ? Mais courage, il faut prendre les peines que le Seigneur nous envoie comme du bon pain, un peu sec à avaler mais nourrissant. C'est si précieux la souffrance.

Allons, courage, en avant.

Je t'embrasse de tout mon cœur de sœur et un peu de mère.

Le seul souci qui la poursuit, c'est pour ainsi dire de monnayer ses souffrances « pour les âmes ». Pour elle-même, elle ne demande rien d'autre que d'être « sainte », mais elle ne voit pas venir cela de sitôt. Curieux marché que cette manière de troquer ses mérites avec le Seigneur, même si revient également l'idée que c'est lui seul qui peut transformer l'âme de sa créature sans avoir besoin d'en demander le prix.

Tels étaient alors les paradigmes que l'on utilisait pour parler de vie spirituelle. Il faut bien parler, et pour parler, il faut des mots, que l'on charge, comme on charge une chaudière, pour établir avec les hommes une relation concrète et pratique. Mais ce dont on les charge n'est jamais analysé dans ses composantes ni dans les réalités que la parole signifie. Essayez de traduire ce langage convenu, d'en décrypter le code. Le Christ ne parlait-il pas en paraboles de ce qui ne peut être défini ni connu par des mots ? Parlons donc, mais méfions-nous des mots, et soupçonnons plutôt ce qu'ils cachent que ce qu'ils prétendent révéler si on les prend à la lettre.

C'était là que se nichait la simplicité de Jacqueline, qui n'avait rien à faire de les dénoncer pour leur ambiguïté. Peut-être suis-je de parti pris, mais je voudrais excuser ma sœur de s'être servie de cette mécanique rudimentaire pour faire fonctionner sa foi : elle n'en avait appris aucune autre et ne s'en souciait guère.

Il faut suivre au jour le jour sa montée vers la fin de sa vie pour comprendre que son âme se forgeait bien toute seule au feu de la souffrance, afin d'acquérir cette pureté chimique et comme distillée par l'amour que Dieu a de ses créatures.

Vers la fin de 1944, les médecins s'étaient souvent consultés entre eux pour essayer de vaincre le mal impitoyable qui la minait et qu'on avait provisoirement diagnostiqué comme un « rhumatisme articulaire ». Après bien des tentatives pour trouver un remède efficace, l'un d'eux essaya l'homéopathie qui produisit quelque amélioration. Puis la maladie reprit. Ma mère fit alors connaissance d'une femme médecin homéopathe et demanda la permission de tenter avec elle une nouvelle expérience : le remède réussit quelque temps, puis inlassablement la fièvre remonta et le mal empira de nouveau. L'homéopathe proposa une nouvelle médication de petites boules. Mais Jacqueline s'y opposa et écrivit à sa mère une lettre assez injuste, bien que remplie de tendresse, l'accusant de la faire manquer à l'obéissance : « De grâce, laissez-moi me laisser faire par celles qui représentent Dieu pour moi, remets-moi une fois de plus à ces douces mains du Père où il fait si bon se blottir. Pourquoi reprendre des fardeaux dont on était déchargé : c'est si merveilleux, la liberté de l'obéissance ! »

Pour Jacqueline, c'était aussi simple que cela : plutôt mourir que de sortir du rang. Ma mère ne put que s'incliner, la mort dans l'âme : c'était encore cela la simplicité.

VI

« Notre douleur et notre joie »

J'ai toujours eu du mal à prononcer le mot
de mort en parlant de ma sœur, comme si
c'était un mot trop grossier qui ne lui
convenait pas. Au risque de m'attirer les sar-
casmes des esprits forts, je préférerais parler,
comme les premiers chrétiens, de « s'endormir dans le Seigneur ».

Pas plus que je n'ai voulu écrire une hagiographie, je ne prétends revêtir cet événement
d'un halo miraculeux : le départ de mère
Marie-Jacqueline fut la chose la plus simple,
mais aussi la plus douloureuse qui soit.
Simple comme elle, parce qu'il ne se passa
rien d'extraordinaire ; douloureuse parce qu'à
l'âge de trente-trois ans, il était profondément cruel de mourir si tôt. J'utiliserai ici
les mots de ma mère qui en écrivit le récit en

s'appuyant sur les témoins de ses derniers moments.

Depuis des mois, Jacqueline allait de mal en pis... Isabelle raconte :

« Dans la nuit du vendredi au samedi 16 décembre (1944), elle a eu de nouveau une terrible crise cardiaque, comme celle qu'elle avait subie, le 16 novembre : froid mortel, tremblement violent et claquement des dents continu, cœur tapant et sautant comme un fou, visage et extrémités complètement violets, halètements, étouffements, véritable agonie – mais qui n'a cette fois duré qu'une heure au lieu de deux, et pendant laquelle elle a gardé toute sa lucidité, toute sa force et toute sa paix. Le matin, elle avait plus de 40°, était extrêmement pâle et absolument épuisée.

« Dans la journée du samedi, Alain est entré dans la clôture avec le père-abbé, et il a vu Jacqueline un long moment seule. Voici ce qu'il a écrit : "Elle était là sur son lit, plus pâle, plus fragile qu'elle n'avait jamais été. Elle ne parlait plus que tout bas, mais ce qu'elle disait était encore si fort, si profond, et même si étonnant ! Elle m'a raconté comme une chose toute simple, avec sa façon brève et sans détours : 'Le jour de mes trente-trois ans (c'est-à-dire le 23 août 1944), le Seigneur m'a dit : Tu ne veux donc pas m'aider à racheter les âmes ? J'étais à ce moment-là toute révoltée d'être à nouveau à moitié malade et de ne pouvoir suivre la vie commune ; je pensais : enfin ce n'est pas pour ça que je suis venue au couvent ! C'est pourquoi le Seigneur m'a parlé de cette façon. Alors j'ai répondu : Ah ! si ! Et c'est depuis ce moment que ça va plus mal.' Et on sentait tant de paix, tant de force auprès d'elle qu'on n'avait pas l'impression de la fatiguer. Pourtant il y avait vingt-quatre heures que les reins étaient bloqués et qu'elle ne prenait plus rien". »

Le lendemain dimanche, je suis retourné la voir à l'infirmerie. C'est moi qui raconte : « Je l'ai trouvée toujours aussi fragile, tellement que je n'ai osé l'embrasser que très doucement sur le front. Elle m'a dit : "Je n'arrive pas à me réveiller. Je crois que je vais m'endormir comme ça dans les bras du Seigneur. Ce serait vraiment trop doux !..." Alors je lui ai donné une grande bénédiction, puis je lui ai fait une petite croix sur le front, et elle m'a souri doucement ; enfin je l'ai embrassée pour maman et j'allais sortir, mais elle m'a rappelé pour me dire encore tout bas : "Dites à maman qu'elle ne soit pas triste." Et je suis parti ; c'est la dernière fois que je l'ai vue ! »

Puis elle a demandé qu'on lui récite les prières des agonisants ; toute la communauté s'est réunie. Jacqueline avait les yeux presque continuellement clos, mais on voyait ses lèvres prononcer tous les répons en même temps que ses sœurs. Ensuite, on lui a lu l'Évangile de la Passion. À la fin, elle a fait signe d'arrêter : « C'est assez, ça suffit, a-t-elle murmuré, *consummatum est* » ; et elle a répété : « *consummatum est* ».

Quelques secondes plus tard, on s'aperçut que sa respiration avait changé. C'est la mère-abbesse qui nous a raconté : « Je me suis penchée vers elle, sa respiration se ralentissait, le sang qu'on voyait battre au cou avec une violence et une rapidité terribles s'apaisait graduellement. Alors elle a ouvert tout grands ses yeux – deux yeux bleus, mais bleus comme des pervenches, non pas dilatés ni exorbités : une pupille absolument normale –, je reverrai cela toute ma vie : ses deux yeux bleus tout grands ouverts et levés vers le ciel, avec une expression de ravissement sur tout son visage, comme si elle allait dire : "Oh ! que c'est beau !" ; sa bouche s'est entrouverte comme pour chanter, sa tête s'est inclinée doucement sur le côté sans qu'elle cesse de regarder très haut avec ses mêmes yeux extasiés, et... nous ne nous sommes pas aperçues de l'instant précis où le souffle s'est arrêté. Elle est restée ainsi et je ne pouvais me décider à fermer ces yeux bleus... Au même instant, nous entendions sonner à toute volée le *Magnificat* à Saint-Benoît... »

C'était le 17 décembre, le dimanche de *Gaudete*. Son corps a été transporté au grand parloir, où nous avons pu rester de longues heures en contemplation devant elle. Ma mère écrivit alors :

« Elle était là, notre petite merveille, sur une couche blanche, tout contre la grille, dans son beau costume de profession : la grande coule noire, la guimpe éclatante, la couronne de lis et de roses, tout entourée de chrysanthèmes blancs, les mains jointes, le visage infiniment calme, ni pincé ni déformé, lumineux et non pas livide, si belle, si pure, si noble, dans un si parfait repos, dans la sérénité d'un si merveilleux accomplissement que les larmes s'arrêtaient et qu'on ne pouvait que dire : Oh !... en joignant les mains, et la regarder sans pouvoir cesser, la regarder de toute son âme comme la plus belle chose qu'il y ait jamais eu au monde. »

Moi qui étais présent, je puis l'attester : il y avait là quelque chose qui dépassait toute imagination ; qu'on me croie si je dis que les expressions de ma mère ne dépassaient pas la réalité. Tous ceux qui ont vu Jacqueline ainsi endormie dans la paix ont ressenti comme nous qu'il s'agissait bien là d'une rencontre avec ce que je suis bien incapable de nommer autrement que le divin.

Ma mère l'exprimait encore avec des mots très forts, lorsque Jacqueline fut déposée dans son cercueil : « Même ainsi resserrée par la bière étroite, elle avait pris comme une figure nouvelle, en tout cas plus saisissante encore ; droite, résolue, impliable, elle avait l'air d'une épée dans la main de Dieu. »

Un si universel éblouissement chez tous ceux qui ont été témoins de ses derniers instants et qui ont vu son visage radieux après qu'elle nous eut quittés, est bien la preuve que, comme un parfum qui s'élève d'un flacon précieux quand on l'ouvre, c'était bien celui de la gloire intérieure qui avait toujours

Droite, résolue, impliable, elle avait l'air d'une épée
dans la main de Dieu.

émané de cet être parfait devant lequel on était saisi de respect, d'admiration et, en même temps, de tendresse et d'amour. Aussi n'avons-nous pas hésité, ma mère et moi, à rédiger un faire-part dans lequel nous invitions nos parents et nos amis à partager « notre douleur et notre joie ».

Pour nouer le bouquet que nous voulons déposer sur sa tombe, celui de sa douce et douloureuse histoire, voici la dernière lettre que Jacqueline écrivit à sa mère, le 10 décembre 1944, sept jours avant sa disparition. Elle résume brièvement, selon son style habituel, le sens et la direction de sa vie tout entière. C'était bien la *sagitta electa* qu'elle fut simplement à l'ombre du monastère.

Ma douce petite maman chérie,

Merci du ravissant bouquet de roses que tu m'envoies, merci de tes bonnes lettres et de tout cet amour que tu m'envoies et que je sens comme de douces bouffées d'air chaud et parfumé.

Oui, Dieu m'a comblée de grâces innombrables pendant ces quinze ans, et il a été

« royal ». Surtout, ce dont j'ai le plus de joie, il a pris mon don qui certes était sincère, mais si pauvre. Il m'a acceptée, il m'a « prise ». Qu'il soit béni, béni !

Merci à toi qui m'as laissée partir vers cette vie religieuse qui était pour moi l'inconnu.

Je ne savais qu'une chose, c'est que Dieu me voulait là, et que, si je n'y allais pas, ma vie était manquée à tout jamais, je ne serais jamais qu'une épave. Maintenant je veux bien « prendre un nouveau bail », mais je sens que la petite lampe vacille, elle s'encrasse de plus en plus. Enfin je suis heureuse de penser que moi aussi, je donne mon sang pour les âmes et pour la France ; ce n'est pas le martyre, mais on fait ce qu'on peut. Chacun à sa place, pour accomplir sa part de rédemption. Et c'est un grand honneur de pouvoir servir.

Je t'aime, je t'aime, j'aime Dieu, j'aime les âmes, il n'y a que l'amour au monde.

Sr. Marie-Jacqueline Rivière. osb.

Un amour de pur cristal.

Adieu

Adieu Jacqueline,
Adieu ma sœur,
je t'ai aimée comme tu m'as aimé.
Nous ne le disions pas de peur de le dire mal.
Notre amour était de trop pur cristal
pour l'enfermer dans de banales formules ;
à toi « l'impliable » il ne convenait pas non
plus de s'attendrir.
Mais aujourd'hui je puis dire
que cet amour fut assez fort
pour n'engendrer aucun retour sur soi
qui pût prêter à l'équivoque ou à la mièvrerie.
L'essentiel est que tu sois restée présente à
moi jusqu'à ce jour.
Mais c'est en écrivant ce livre
que j'ai pu mesurer ton rôle auprès de moi.
Merci de m'avoir accompagné secrètement
sur les imprévisibles chemins de ma longue
vie.

Puisque mon père avait choisi la fille
et laissé le garçon,
c'était à moi qu'il revenait de lui rendre grâce
pour avoir ainsi appelé tous les siens
à se réunir autour de toi.

Table

Toutes les photos et illustrations de ce livre
appartiennent à Alain Rivière.